EL ENOJO

CÓMO MANEJAR UNA EMOCIÓN PODEROSA DE UNA MANERA SALUDABLE

Gary Chapman

AUTOR DE *LOS CINCO LENGUAJES DEL AMOR*

EDITORIAL PORTAVOZ

La misión de *Editorial Portavoz* consiste en proporcionar productos de calidad —con integridad y excelencia—, desde una perspectiva bíblica y confiable, que animen a las personas a conocer y servir a Jesucristo.

Título del original: *Anger: Handling a Powerful Emotion in a Healthy Way,* una edición revisada y actualizada de *The Other Side of Love.* © 1999, 2007 por Gary Chapman, y publicado por Northfield Publishing, 215 West Locust Street, Chicago, IL 60610. Traducido con permiso.

Edición en castellano: *El enojo: Cómo manejar una emoción poderosa de una manera saludable*, una edición revisada y actualizada de *La otra cara del amor,* © 2009, 2013 por Editorial Portavoz, filial de Kregel Inc., Grand Rapids, Michigan 49505.

EDITORIAL PORTAVOZ
2450 Oak Industrial Dr. NE
Grand Rapids, Michigan 49505 USA

Visítenos en: www.portavoz.com

978-0-8254-5034-1 (rústica)
978-0-8254-0649-2 (Kindle)
978-0-8254-8169-7 (epub)

1 2 3 4 5 / 30 29 28 27 26 25 24 23

Impreso en los Estados Unidos de América
Printed in the United States of America

A aquellas personas que, en el transcurso de los años, me han contado sus luchas con el enojo y, al hacerlo, me han forzado a buscar respuestas a esta experiencia problemática.

CONTENIDO

REPASOS BREVES

Para un vistazo general de cada capítulo, recurra a estos "Repasos breves".

INTRODUCCIÓN:
EL ENOJO A NUESTRO ALREDEDOR

El enojo se encuentra en todas partes. Los cónyuges se enojan mutuamente. Los empleados se enojan con sus jefes. Los adolescentes se enojan con sus padres (y viceversa). Los ciudadanos se enojan con el gobierno. Los noticieros de la televisión habitualmente muestran manifestantes enojados que gritan de ira. Pase un tiempo recorriendo alguno de los aeropuertos importantes, cuando las malas condiciones climáticas han producido cancelación de vuelos, y observará el enojo en acción.

Muchos de nosotros estamos enojados con nosotros mismos. A veces estamos enojados y pensamos que "no deberíamos sentirnos de esa manera". U observamos a nuestros hijos cuando expresan su enojo inadecuadamente, y nos preguntamos cómo podemos enseñarles a manejar su enojo.

Claramente, muchos de nosotros tenemos "problemas" con el enojo. Además, los cristianos a menudo están confundidos respecto a esta emoción poderosa y compleja. Para aquellos que siguen a Cristo, ¿existe una manera adecuada de expresar el enojo? ¿Qué dice la Biblia? ¿Puede el enojo llegar a ser algo *bueno*?

Si, al buscar respuestas a estas preguntas, usted se conecta a la Internet y escribe la palabra *enojo*, encontrará una cantidad abrumadora de información. Sin embargo, la mayoría de lo que se ha escrito no aborda las dos preguntas fundamentales: ¿cuál es el *origen* del enojo, y cuál es el *propósito* del enojo? ¿Por qué los hombres y las mujeres experimentan la emoción del enojo? Comprender el origen del enojo es esencial para comprender su propósito, y comprender el propósito del enojo es esencial para aprender cómo procesar esta emoción de una manera constructiva.

Los pocos libros y artículos que sí plantean la pregunta sobre los orígenes tienden a ver el enojo como una técnica de supervivencia incrustada en el desarrollo primitivo de la evolución del hombre. El enojo es la "forma natural" en la que los seres humanos están preparados para reaccionar en momentos de peligro. Como alguien que ostenta títulos universitarios en el campo de la antropología, creo que esta perspectiva es deplorablemente inadecuada. En primer lugar, ignora la visión cristiana del mundo. En segundo lugar, aunque se acepte una visión naturalista del mundo, esta no logra explicar adecuadamente los aspectos psicológicos del enojo.

Mucha de la confusión entre los cristianos acerca de la emoción del enojo surge a partir de una comprensión errada de su origen. La literatura cristiana dedicada a este tema ha estado enfocada en "cómo controlar el enojo" sin un conocimiento adecuado de su origen. Pero estoy convencido de que nuestros esfuerzos para controlar el enojo serán mucho más eficaces si contamos con un entendimiento más claro de su procedencia.

Entonces, ¿de dónde viene el enojo? ¿Cuál es su origen? La respuesta, que podría sorprenderle, se encuentra en el capítulo 1. Esta sugiere cuál es el propósito del enojo, el cual se describe en el capítulo 2.

Hace ya más de treinta y cinco años que doy consejería matrimonial y familiar. He trabajado con cientos de familias con múltiples problemas familiares. En casi todos los casos, estas familias o parejas han luchado con el procesamiento del enojo. Cuando los adultos aprenden a procesar positivamente su propio enojo, no solo crean un ambiente más seguro para la familia, sino que también cuentan con un mayor potencial para enseñar a sus hijos la manera de procesar su enojo. Con la misma importancia, también tienen la capacidad de establecer un ambiente productivo en su trabajo al igual que relaciones y reacciones sanas entre sus compañeros. Dondequiera que los adultos no hayan aprendido a procesar su enojo, casi siempre hay conmoción conyugal y familiar, que algunas veces desborda y se hace manifiesta en el trabajo y otros entornos.

En el mundo occidental, un remedio común es buscar el asesoramiento de un consejero. En los Estados Unidos, la oficina de consejería se ha convertido en el mayor foro para aprender a procesar el enojo. Desdichadamente, la mayoría de las personas no acuden a recibir consejo hasta que su manejo inapropiado del enojo les haya ocasionado serios problemas. Otros miles que ya están en graves dificultades nunca buscan ninguna clase de consejería. Es posible que usted no pueda (por razones de tiempo, dinero o temor) entrar a la oficina de un consejero. No obstante, creo que gran parte de lo que se aprende en la oficina del consejero podría aprenderse en los hogares si los adultos contaran con la información adecuada. Este libro es un intento de dar a conocer de forma amena los conocimientos y las técnicas que han ayudado a cientos de parejas y adultos solteros a descubrir una mejor manera de procesar el enojo. El nombre de todos los aconsejados fueron cambiados, pero sus situaciones y conversaciones son reales. Por momentos, podría llegar a identificarse en cuestiones y reacciones similares a las suyas. Todos podemos aprender mucho acerca de cómo procesar nuestro enojo de manera más eficaz.

Si usted o alguien a quien usted ama está luchando con el enojo, espero que este libro le ayude a adquirir una perspectiva fresca y cristiana del enojo, y a partir de esta nueva perspectiva, pueda estar preparado para entender y tratar con su enojo o el de alguien cercano. También deseo que este libro suministre a los individuos interesados una herramienta que estimule debates en grupo y talleres sobre el tema del enojo. Hay preguntas para debatir al final del libro y en la Internet, en www.fivelovelanguages.com, que le ayudarán a repasar las ideas clave y aplicarlas a su vida. Estoy convencido de que puede aprenderse mucho sobre el enojo en un entorno académico (una clase de escuela dominical, un grupo pequeño o seminario) así como en la oficina de consejería. De hecho, así debe ocurrir si queremos contrarrestar la epidemia de maltrato verbal y físico que tristemente caracteriza a nuestra generación.

Cuando coloquemos nuestro enojo bajo el señorío de Cristo —al aprender de un Dios santo acerca del origen y propósito del enojo— podremos sanar nuestras relaciones. Más importante, podremos cumplir los buenos propósitos de Dios.

Gary Chapman

Cualquiera puede enojarse, eso es fácil; pero enojarse con la persona correcta, en el momento correcto, por el motivo correcto y de la manera correcta, eso no está al alcance de todos y no es tan sencillo.

Aristóteles

CAPÍTULO 1

¿De dónde viene el **enojo**?

TAL VEZ, USTED PUEDA identificarse con Mercedes.

Mercedes, madre de dos niños preescolares, amaba a su esposo Raúl, un prometedor abogado. La pareja había estado casada durante ocho años. Mercedes era una contadora pública certificada, pero había elegido suspender el ejercicio de su profesión hasta que los niños empezaran la escuela.

—Creo que cometí un error —me dijo—. Creo que ser madre no es lo mío. Siempre quise tener hijos, pero ahora que los tengo, no me gusta la forma en que los trato. Y no me gusta lo que ellos me hacen a mí. No recuerdo haberme salido de las casillas ni una sola vez antes de tener hijos. Siempre consideré que era una persona "en pleno control" de mis emociones. Pero tengo que admitir que muchas veces he "perdido el control" con mis hijos. Me vuelvo muy odiosa en esos momentos y sé que no es bueno para los niños.

—¿Qué haces cuando te enojas con los niños? —pregunté.

—Diferentes cosas —dijo ella—. Algunas veces les grito, otras veces les doy nalgadas muy fuertes. El otro día, alcé a Cristina y la sacudí. Eso realmente me asustó. El día anterior había visto un reportaje sobre una madre que, de hecho, mató a su hija sacudiéndola. No quiero lastimar a mis hijos. Los amo, pero pierdo el control. Quisiera que Raúl se quedara con los niños y me diera un receso, pero él tiene tanto estrés en su trabajo que me dice que no le dan muchas ganas de cuidar a los niños. Pienso que debería volver a trabajar y dejar que otra persona se encargue de cuidarlos.

"SIEMPRE QUISE TENER HIJOS, PERO AHORA QUE LOS TENGO, NO ME GUSTA LA FORMA EN QUE LOS TRATO".

Al hablar más a fondo con Mercedes, descubrí que ella no solamente estaba enojada por el comportamiento de sus hijos, sino también con Raúl por la poca ayuda que recibía de él. Estaba enojada con ella misma por haber elegido ser una mamá de tiempo completo y, finalmente, estaba enojada con Dios por haberle permitido convertirse en madre. "Él debió haber sabido que yo no sería capaz de manejar esta situación" —dijo ella.

En este punto de la conversación, Mercedes estaba llorando. Para ser sincero, a mí también me dieron ganas de llorar al recordar los cientos de madres que han pasado por mi oficina en los últimos treinta años en busca de un lugar donde puedan presentar su renuncia irrevocable.

Otro caso es el de Marcos, que llegó a mi oficina bien vestido, pero advertí que le faltaba el zapato del pie derecho. Al poco tiempo descubrí la razón.

"Doctor Chapman, necesito ayuda —empezó a decir—. Hace mucho tiempo que me doy cuenta de que estoy perdiendo el control de mi enojo, pero el sábado fue la gota que rebasó la copa. Durante quince minutos, estuve tratando de echar a andar mi podadora. Revisé el tanque de gasolina, revisé el aceite, puse una bujía nueva, pero la máquina no quería arrancar. Al final estaba tan exasperado que retrocedí un poco y le di una patada a ese armatoste. Me fracturé dos dedos del pie y me corté un tercero. Adolorido y sentado en unos escalones, pensé: *¡Eso fue un disparate!*

"Me siento avergonzado. No puedo decirle a los demás lo que ocurrió en verdad, así que he estado diciendo: 'Tuve un accidente con una podadora'.

"Esta no es la primera vez que me salgo de las casillas —admitió Marcos—. Les dije cosas muy hirientes a mi esposa y a mis hijos.

No creo que haya abusado físicamente de ellos alguna vez, pero he estado muy cerca".

En el transcurso de nuestra conversación, descubrí que Marcos había recibido una buena educación, incluso un título en Administración de empresas. Estaba casado y tenía dos hijos, tenía un empleo con buen salario y era dueño de una buena casa en los suburbios. Marcos era un miembro activo de su iglesia y era bien respetado en la comunidad. Sin embargo, tenía el hábito de "borrar con el codo lo que escribía con la mano".

Miles de hombres pueden identificarse fácilmente con Marcos. Han estado en una situación muy similar, han reaccionado de la misma manera. Desdichadamente, muchos de ellos no son tan sinceros como él y, muchos menos aún, están dispuestos a acudir a alguien en busca de ayuda.

Marcos, con sus dedos fracturados, y Mercedes, con su corazón quebrantado se enfrentan a retos muy diferentes; sin embargo, lo que tienen en común es la experiencia humana del enojo intenso y su incapacidad de manejarlo. Ambos eran conscientes de que su enojo los había llevado a un comportamiento inapropiado, pero ninguno de ellos sabía qué hacer al respecto. Por esta razón, sufrían física y emocionalmente a causa de sus reacciones destructivas ante el enojo, y sus seres amados sufrían también.

¿QUÉ SUCEDE CUANDO NOS ENOJAMOS?

Personas de todas las edades y posiciones sociales experimentan enojo. Alejandro, un estudiante de secundaria, está enojado con su profesora por haberle puesto una mala calificación. La profesora de Alejandro está enojada con su "ex" por no enviarle el dinero de la manutención de su hijo a tiempo. María, una abuela de ochenta y cinco años, está enojada con su hijo mayor que muy rara vez va a visitarla; su hijo, Vicente, está enojado en general porque no puede encontrar un empleo y se siente rechazado por la sociedad. Jorge, un pastor, está enojado con los líderes de la iglesia que siempre rechazan sus mejores ideas. Mabel, solamente tiene tres años de edad, pero está enojada con su madre porque le quitó su juguete favorito.

Pero ¿a qué nos referimos cuando hablamos de enojo? El diccionario describe el *enojo* como: "Una fuerte emoción o sentimiento de disgusto y, por lo general, una contrariedad incitada por un sentimiento de agravio o insulto".[1] Aunque normalmente pensamos en el enojo como una emoción, en realidad, es un conjunto de emociones que involucra el cuerpo, la mente y la voluntad.

Nadie se sienta y dice: "Creo que ahora me voy a enojar". El enojo es una reacción ante algún suceso o situación de la vida que nos causa irritación, frustración, dolor u otro disgusto. Miles de sucesos y situaciones tienen el potencial de provocar enojo. Un familiar mayor hace un comentario inapropiado sobre el peso de su hijo. El conductor del automóvil de atrás lo viene siguiendo muy de cerca en la autopista. Su padre siempre estaba enojado por algo cuando usted era niño, y ahora usted tiene problemas para manejar su propio enojo.

El enojo es alimentado por sentimientos de disgusto, agravio, rechazo y vergüenza. El enojo es la emoción que nos pone en contra de la persona, el lugar o el objeto que provocó la emoción. Es lo opuesto al sentimiento de amor. El amor nos atrae a la persona; el enojo nos pone en contra de ella.

Pero la mente también está en plena actividad desde el principio. Por ejemplo, si Beatriz le pide a su esposo Timoteo que corte el césped mientras ella lleva a los niños de compras, y cuando regresa a casa horas más tarde, el césped está igual, ella podría llegar a pensar: *Si le importara, hubiera cortado el césped. Él sabe cuánto significa para mí. No pido mucho. ¿Qué estuvo haciendo en cambio? Lo que él quería hacer. Qué egoísta.* Pero Timoteo responde internamente: *¡Mira todas las otras cosas que estuve haciendo! Le coloqué una membrana protectora al techo, saqué la basura y saqué a pasear al perro. ¿Qué más quiere?*

Mientras tanto, Mario se sienta nerviosamente en la oficina de conferencias de su sector, donde Gerardo, su supervisor, procede a informarle que su trabajo no ha sido satisfactorio el último cuatrimestre, y que si él no incrementa su productividad, se verá obligado a despedirlo. *Es porque tengo más de cincuenta años* —piensa Mario—. *Están tratando de deshacerse de todos los tipos de edad. ¿Cuántos años puede tener Gerardo, unos treinta y cinco? ¿Qué puede saber él?*

Beatriz, Timoteo y Mario están experimentando fuertes emociones negativas en su mente; pero no todo termina allí. El cuerpo también participa en la experiencia del enojo. El sistema nervioso autónomo del cuerpo "pone a fluir la adrenalina". Dependiendo del nivel de enojo, podrían ocurrir físicamente cualquiera de los siguientes síntomas o todos ellos al mismo tiempo: la glándula suprarrenal libera dos hormonas: epinefrina (adrenalina) y norepinefrina (noradrenalina). Parece que estas dos sustancias químicas producen en las personas la reacción, tensión, incitación y exacerbación del enojo, y a su vez alteran el ritmo cardíaco, la presión sanguínea, la función pulmonar y la actividad del tracto digestivo.[2] Por esto, cuando Mario se sienta en la oficina de conferencias para escuchar a su supervisor, él puede sentir que su rostro se sonroja, su estómago se revuelve y sus puños se aprietan fuertemente.

Estos cambios fisiológicos son los que dan a las personas la sensación de estar abrumadas por el enojo y de ser incapaces de controlarlo.

Es así como el enojo se traspasa a acciones: Mercedes llega a sacudir a su hijita, a Mabel le da una rabieta, Marcos patea la podadora y Mario regresa a su escritorio y comienza a escribir furioso un correo electrónico.

No podemos controlar las reacciones de nuestro cuerpo; sin embargo, podemos controlar nuestra respuesta mental y física ante el enojo, como veremos en capítulos subsiguientes.

¿POR QUÉ NOS ENOJAMOS?

Primero, vamos a ver otra vez las raíces del enojo: de dónde viene el enojo y por qué lo experimentamos.

Creo que la capacidad humana de enojarse está enraizada en la naturaleza de Dios. Por favor, no piense que estoy faltándole al respeto a Dios. Por el contrario, estoy expresando una profunda reverencia por Él al sugerir que el enojo humano está enraizado en la naturaleza divina. Además, no estoy sugiriendo que el enojo sea una parte esencial de la naturaleza de Dios. Estoy sugiriendo que el enojo deriva de dos aspectos de la naturaleza divina: la santidad de Dios y el amor de Dios.

Las Escrituras proclaman que Dios es santo. (Véase, por ejemplo, 1 P. 1:16; Lv. 11:44-45). La palabra *santo* significa "separado del pecado". Bien sea que hablemos de Dios el Padre, Dios el Hijo o Dios el Espíritu, no hay ningún pecado en la naturaleza de Dios. El escritor del Nuevo Testamento dijo acerca de Jesús que fue "...tentado en todo según nuestra semejanza, pero sin pecado" (He. 4:15).

LAS ESCRITURAS NUNCA DICEN: "DIOS ES ENOJO".

Una segunda característica fundamental de la naturaleza de Dios es el amor. El apóstol Juan sintetizó toda la enseñanza de las Escrituras cuando dijo sencillamente: "...Dios *es* amor" (1 Jn. 4:8, cursivas añadidas). No debe igualarse a Dios con el amor, sino que en su naturaleza esencial Dios es amoroso. Este no es simplemente el concepto de Dios del Nuevo Testamento. De principio a fin, las Escrituras revelan a un Dios comprometido con el bienestar de sus criaturas. La naturaleza de Dios es amar.

De estas dos características divinas deriva la ira de Dios. Por favor, nótese que las Escrituras nunca dicen: "Dios es enojo". Esta afirmación no sería cierta, porque el enojo no es parte de la naturaleza esencial de Dios. Sin embargo, las Escrituras indican frecuentemente que Dios *experimenta* enojo. El concepto de *enojo* aparece 455 veces en el Antiguo Testamento, de las cuales, 375 veces hace referencia a la ira de Dios. De hecho, el salmista dijo: "...Y Dios está airado contra el impío todos los días" (Sal. 7:11).

Tampoco es cierto que la ira de Dios se limite a los tiempos del Antiguo Testamento. Al leer la vida de Jesús, encontrará numerosas ocasiones en que demostró enojo. (Por ejemplo, véase Mr. 3:1-5; Jn. 2:13-17). *Debido* a que Dios es santo y *debido* a que Dios es amor, necesariamente Dios experimenta la ira. Su amor busca solo el bien de sus criaturas. Su santidad se opone eternamente al pecado. Todas las leyes morales de Dios se fundamentan en su santidad y su amor; es decir que siempre están en línea con lo que es recto y siempre tienen como fin el bien de sus criaturas. Dios desea que el hombre haga lo correcto para que pueda disfrutar los beneficios. Él dijo al Israel antiguo: "Mira, yo he puesto delante de ti hoy la vida y el bien, la muerte y el mal; porque yo te mando hoy que ames a Jehová tu Dios, que andes en sus caminos, y guardes sus mandamientos, sus estatutos y sus decretos, para que vivas y seas multiplicado, y Jehová tu Dios te bendiga en la tierra a la cual entras para tomar posesión de ella" (Dt. 30:15-16).

Al conocer los efectos destructivos del pecado humano, la ira de Dios se enardece. Es el interés de Dios en la justicia y la rectitud (las cuales brotan a partir de su santidad y su amor) lo que provoca su ira. De modo que cuando Dios ve el mal, también experimenta enojo. El enojo es su respuesta lógica a la injusticia o a la maldad.

"ÉL NO DEBERÍA HABERLE HECHO ESO A ELLA"

¿Qué tiene que ver todo esto con el enojo humano? Las Escrituras dicen que fuimos creados "a imagen de Dios" (Gn. 1:27). Aunque esa imagen haya sido manchada por la caída del hombre, no fue borrada. El ser humano sigue llevando en lo profundo de su alma la marca de la imagen de Dios. Así que a pesar de ser seres caídos, todavía conservamos algún interés en la justicia y la rectitud. Encuentre al hombre más pagano que conozca y sígalo durante una semana; seguramente lo escuchará afirmar cosas, tales como: "Eso no está bien. Él no debería haberle hecho eso a ella. Ella lo trató mal". Pero si alguien le roba su auto, usted verá cómo expresa su enojo. Si alguien difama a su hija, a su esposa o a su novia, usted descubrirá cómo se convierte de repente en una criatura extremadamente moral que condena dicha acción de manera terminante.

Escuche al niño que al hablar está empezando a formar frases completas, y pronto le escuchará decir: "Eso no es justo, mami". ¿De dónde sacó el niño ese juicio moral? Sugiero que está impreso en lo profundo de su naturaleza. Formado, seguramente, por las enseñanzas de sus padres, el niño sabe cuándo se ha cometido una falta en su contra y, por eso, va a pronunciarse libremente al respecto.

El enojo es, entonces, aquella emoción que brota siempre que nos encontramos ante lo que percibimos que está mal. Las dimensiones emocionales, fisiológicas y cognitivas del enojo pasan al primer plano de nuestra experiencia cuando nos encontramos ante una injusticia.

EL ENOJO ES EVIDENCIA DE QUE ESTAMOS HECHOS A IMAGEN DE DIOS.

¿Por qué una esposa experimenta enojo hacia su marido? Porque en la mente de ella, él la ha decepcionado, avergonzado, humillado o rechazado. En pocas palabras, porque él "le falló". ¿Por qué el adolescente se enoja con sus padres? Porque el adolescente tiene la sensación de que los padres no han sido justos, amorosos o atentos con él, en otras palabras, que sus padres le han fallado. ¿Por qué un hombre se llega a enojar con una podadora? Porque la podadora no está "funcionando como es debido". La máquina o su fabricante le han fallado. ¿Por qué los conductores hacen sonar la bocina del auto cuando el semáforo está en verde? Porque piensan que el conductor que está al frente de ellos "*debería* haber estado atento al cambio de luz para arrancar dos segundos antes".

Trate de recordar la última vez que experimentó enojo y pregúntese: ¿Por qué me enojé? Con mucha probabilidad, su respuesta hará mención de alguna injusticia cometida. Alguien o algo no fueron justos con usted. Algo estuvo mal. Su enojo podría haber estado dirigido a una persona, un objeto, una situación, a usted mismo o a Dios, pero en cada caso alguien o algo le falló. No estamos aquí para discutir si su percepción de la falta es válida o no. Trataremos ese aspecto en un capítulo subsiguiente. El hecho que estamos estableciendo aquí es que el enojo se origina en la percepción de algo que está mal, y que este sentido de moralidad (la capacidad para determinar que algunas cosas están bien y otras están mal) halla su raíz en el hecho de que fuimos creados a imagen de un Dios santo, que ha establecido una ley moral para el bien de sus criaturas.

El enojo no es malo; el enojo no es pecaminoso; el enojo no es parte de nuestra naturaleza caída; el enojo no es Satanás que obra en nuestra vida. Todo lo contrario. El enojo es evidencia de que estamos hechos a imagen de Dios; y demuestra que todavía poseemos algún tipo de inclinación hacia la justicia y la rectitud, muy a pesar de nuestra condición de seres caídos. La capacidad de enojarse es una fuerte evidencia de que somos mucho más que meros animales. Revela nuestra preocupación por lo recto, lo justo y lo ecuánime. La experiencia del enojo es prueba de nuestra nobleza, no de nuestra depravación.

Deberíamos agradecer a Dios por nuestra capacidad de experimentar enojo. Cuando una persona deja de experimentar enojo, ha perdido su sentido de preocupación moral. Sin un sentido de preocupación por la moral, el mundo sería un lugar ciertamente pavoroso. Esto nos conduce a nuestra segunda pregunta de importancia: ¿cuál es el propósito del enojo? Más concretamente, ¿cuál es el propósito de *Dios* para el enojo humano?

LOS NIÑOS Y LAS RABIETAS

Por lo general, las rabietas temperamentales aparecen a los dos o tres años y comienzan a disminuir a los cuatro años, según informan las publicaciones de medicina familiar y pediátrica. Hasta un 83% de todos los niños de dos a cuatro años de edad tienen rabietas ocasionales, las cuales incluyen tirarse al piso, patear, gritar y, a veces, contener la respiración.

Un hombre es tan grande como aquello
que le produce enojo.

WINSTON CHURCHILL

CAPÍTULO 2

Cuando el **enojo** puede hacer bien

CUANDO ESTAMOS en medio de una discusión con nuestro cónyuge o refunfuñando porque nuestra computadora no funciona bien, la pregunta del propósito de Dios con el enojo podría parecer teórica. En realidad, tal vez pensemos que el enojo humano podría ser desagradable para Dios.

Pero creo que el enojo humano ha sido diseñado por Dios para motivarnos a emprender acciones constructivas cuando nos agravian o nos enfrentamos a la injusticia.

No entendemos esto muy bien porque, por lo general, nos enojamos cuando las cosas no salen como nosotros queremos. Más adelante, hablaremos acerca de enojo válido y no válido, pero nuestro objetivo aquí es regresar a la pregunta fundamental: ¿Cuál es el propósito de Dios con el enojo humano? La respuesta es: El enojo ha sido diseñado para motivarnos a tomar acciones positivas cuando nos encontramos ante una injusticia. Creo que Dios mismo ilustra este hecho.

PARA NUESTRO PROPIO BIEN: LA RESPUESTA DE DIOS AL ENOJO

La Biblia traza un claro paralelo entre el enojo de Dios y su amor. En el Antiguo Testamento, era típico que el Señor enviara un profeta para proclamar al pueblo su desagrado frente a sus malas obras y llamarlos al arrepentimiento. Si el pueblo se arrepentía, la ira de Dios desaparecía, y todo iba bien. Sin embargo, si no se arrepentían, Dios emprendía acciones adicionales. El mensaje de Dios a Jeremías es una clara demostración de esto. "Ve y clama estas palabras hacia el norte, y di: Vuélvete, oh rebelde Israel, dice Jehová; no haré caer mi ira sobre ti, porque misericordioso soy yo, dice Jehová, no guardaré para siempre el enojo. Reconoce, pues, tu maldad... Convertíos, hijos rebeldes, dice Jehová, porque yo soy vuestro esposo..." (Jer. 3:12-14). Israel se había apartado de la verdad para ir en pos de mentiras. El enojo motivó a Dios a enviar a Jeremías para llamar al pueblo al arrepentimiento.

Dios emprendió una acción similar al enviar a Jonás a Nínive. El pueblo de Nínive conocía la reputación de Dios. Cuando Jonás advirtió sobre la destrucción que sobrevendría en cuarenta días, las Escrituras dicen: "Y los hombres de Nínive creyeron a Dios, y proclamaron ayuno, y se vistieron de cilicio desde el mayor hasta el menor de ellos" (Jon. 3:5). Pronto el rey declaró: "...clamen a Dios fuertemente; y conviértase cada uno de su mal camino... ¿quién sabe si se volverá y se arrepentirá Dios, y se apartará del ardor de su ira, y no pereceremos?" (vv. 8-9). El pueblo de Nínive sabía que la ira de Dios siempre era motivada por su amor. Así lo confirman las Escrituras: "Y vio Dios lo que hicieron, que se convirtieron de su mal camino; y se arrepintió del mal que había dicho que les haría, y no lo hizo" (v. 10).

El enojo de Dios se expresó en acciones positivas, al declarar a los malhechores que toda maldad sería castigada. A causa de su amor por ellos, Él no podía permitir que la injusticia quedara sin castigo. Sin embargo, cuando el pueblo de Nínive se arrepintió y se apartó de sus malos caminos, Dios los perdonó en su compasión. El mal se había corregido; el enojo de Dios había cumplido su propósito positivo.

Algunos estudiosos contemporáneos de la Biblia han cuestionado los rigurosos actos de juicio que Dios aplicó sobre su pueblo Israel y las naciones vecinas. Ellos han interpretado estos hechos a la luz de una deidad vengativa y destructiva. Pero si examinamos los hechos de cerca, descubrimos que cuando Dios aplicaba unas medidas tan drásticas era primordialmente por el bien de sus criaturas. La santidad de Dios le impide guardar silencio cuando los hombres están inmersos en la perversión de sus maldades, y su amor siempre procura que la expresión de su enojo sea para sumo bien de la humanidad.

EL AMOR DE DIOS SIEMPRE PROCURA QUE LA EXPRESIÓN DE SU ENOJO SEA PARA SUMO BIEN DE LA HUMANIDAD.

¿QUÉ HACÍA ENOJAR A JESÚS?

Cuando pasamos al Nuevo Testamento y examinamos la vida de Jesús, encontramos que Él también emprendió acciones positivas de amor contra la maldad que había provocado su enojo. Quizá el incidente más conocido sea la experiencia de Jesús en el templo de Jerusalén, cuando vio a los mercaderes que compraban y vendían bueyes, ovejas y palomas, "y les dijo: Escrito está: Mi casa, casa de oración será llamada; mas vosotros la habéis hecho cueva de ladrones" (Mt. 21:13). También al principio de su ministerio, Jesús había amonestado severamente a los cambistas: "...no hagáis de la casa de mi Padre casa de mercado" (Jn. 2:16). El apóstol Juan relató que Jesús hizo un azote de cuerdas, los echó a todos fuera del templo, "...esparció las monedas de los cambistas y volcó las mesas" (v. 15).

Alguien preguntaría: "¿Dónde quedó el espíritu de perdón de Jesús?". Podemos suponer, sin duda alguna, que si se hubieran arrepentido, Él los habría perdonado. Pero recordemos que el perdón de Dios siempre se concede como respuesta al arrepentimiento del hombre. Su acción les demostró no solamente a los mercaderes, sino también a los líderes religiosos, que esas cosas no debían hacerse en el templo de Dios. De hecho, Juan dice: "Entonces se acordaron sus discípulos que está escrito: El celo de tu casa me consume" (Jn. 2:17; véase Sal. 69:9). Los discípulos vieron claramente la expresión del enojo de Jesús, y lo atribuyeron a su justo y profundo interés en que la casa de su padre fuera un lugar de oración y no de intercambio de mercancías.

En otra oportunidad, Jesús estaba en la sinagoga un día de reposo, y un hombre que tenía la mano paralizada se acercó a Él. Los fariseos estaban buscando la ocasión de acusar a Jesús por infringir la ley del día de reposo, así que este hizo la pregunta: "...¿Es lícito en los días de reposo hacer bien, o hacer mal; salvar la vida, o quitarla?" (Mr. 3:4). Los fariseos guardaron silencio, y Marcos registra cómo Jesús, "...mirándolos alrededor con enojo, entristecido por la dureza de sus corazones, dijo al hombre: Extiende tu mano. Y él la extendió, y la mano le fue restaurada sana" (v. 5). El enojo de Jesús fue provocado por el pensamiento legalista de los fariseos, que ponían las leyes de guardar el día de reposo por encima de ministrar a la necesidad humana. Su acción consistió en sanar al hombre frente a sus propios ojos y rechazar esa perversa manera de pensar al demostrar gráficamente, frente a todos, que el ministerio humano es más importante que la observancia de las normas religiosas.

De esta manera queda claro cuál es el modelo divino: la respuesta de Dios al enojo consiste siempre en emprender acciones de amor, tratar de detener la maldad y redimir al malhechor.

NUESTRA RESPUESTA ANTE EL AGRAVIO Y LA INJUSTICIA

Volvamos ahora a la escena humana. Como hemos visto, dado que somos criaturas hechas a imagen de Dios, en cierto nivel contamos con un interés por la rectitud, la equidad y la justicia. Siempre que nos encontramos con situaciones que nos parecen incorrectas, injustas o indebidas, experimentamos enojo. Creo que, en el designio de Dios, *este enojo tiene la función de motivarnos a emprender acciones de amor positivas, con el fin de procurar la rectificación del error*; y donde hay una relación de por medio, la meta consiste en restaurar la relación con el malhechor. El enojo no está diseñado para provocarnos a hacer cosas destructivas contra las personas que nos hayan ofendido, ni tampoco nos da el derecho de decir o hacer cosas destructivas en contra de nuestro prójimo. *El propósito fundamental del enojo es motivarnos a emprender acciones de amor positivas que dejen las cosas mejor que como las encontramos.*

En primer lugar, examinemos esto en el contexto de la reforma social. Algunos lectores estarán familiarizados con MADD [Madres unidas contra los conductores ebrios (por sus siglas en inglés)]. ¿Tiene alguna idea de por qué se estableció esta organización? Sospecho que surgió como resultado del enojo. Las madres veían cómo sus hijos e hijas estaban muriendo en las calles a causa de conductores ebrios. Cuando estos conductores iban a juicio, recibían una palmada en la muñeca y quizá una pequeña multa, pero volvían a conducir por las calles al día siguiente.

Las madres dijeron: "Esto no está bien". La fundadora Candy Lightner quedó conmocionada cuando un conductor ebrio abalanzó su vehículo sobre Cari, su hija de trece años, y la mató. Después, su conmoción y desconsuelo se convirtieron en intenso enojo, cuando un juez de California le dio al reincidente conductor ebrio una sentencia insignificante. Ella y otras madres enfurecidas fundaron en poco tiempo dicha organización. Fue este enojo, provocado por la injusticia que observaron, lo que motivó a la señora Lightner y a otras madres indignadas a fundar una organización nacional que creció hasta tener más de cuatrocientas delegaciones.

Su estrategia consistió inicialmente en turnarse para estar en la corte de justicia cuando los acusados de "conducir bajo la influencia del alcohol" eran enjuiciados. Allí, fijaban su mirada en los ojos del juez, los abogados y los conductores ebrios. Su presencia hacía que los jueces lo pensaran bien antes de devolverle la licencia de conducir a uno de estos hombres. También ejercían presión sobre los legisladores estatales para que promulgaran leyes más severas contra la conducción en estado de embriaguez. No creo que haga falta decir que, en los últimos años, el castigo por manejar bajo la influencia del alcohol ha sido más fuerte, y que se han cancelado más licencias por conducir en estado de embriaguez que nunca antes. Todo porque algunas madres se enojaron. Esta organización continúa procurando reformas jurídicas y legislativas.

De una manera similar, también se formó SADD [Estudiantes unidos contra los conductores ebrios (por sus siglas en inglés)]. Los estudiantes estaban indignados por el daño ocasionado por parte de otros estudiantes que conducían en estado de embriaguez, y comenzaron a decir: "No está bien permitir que un compañero conduzca mientras está bajo la influencia del alcohol". Estos estudiantes comenzaron a organizarse y se comprometieron a designar un conductor sobrio que se ofreciera voluntariamente a llevar al estudiante intoxicado a su casa. Así, emprendieron una acción de amor positiva en respuesta a su enojo.

"ESTO NO ESTÁ BIEN"

La abolición de la esclavitud en Inglaterra y Norteamérica vino como resultado de que muchas personas se indignaran por las condiciones sociales. Muchos conocerán la historia de William Wilberforce, un gran hombre de fe, miembro acaudalado del Parlamento y reformador social. Hace más de doscientos años (en 1807), William Wilberforce y Thomas Clarkson persuadieron al gobierno británico para promulgar un decreto en contra de la trata de esclavos; pero previamente, durante décadas, Wilberforce había emprendido una campaña incansable, mediante férvidos discursos en el Parlamento, en los que detallaba y denunciaba el flagelo de la trata de esclavos. Del otro lado del océano, en los Estados Unidos, muchos hombres y mujeres veían la esclavitud, y decían dentro de su corazón: *Esto no está bien.* Años más tarde, el flagelo terminó cuando el presidente Lincoln firmó la Proclamación de Emancipación. Pero hizo falta que personas, movilizadas por el enojo, en contra de la maldad y la injusticia —personas como Harriet Beecher Stowe, autora de *La cabaña del tío Tom*— remordieran la conciencia de la nación.

Esto se hizo en cumplimiento al deseo de Dios, como quedó expresado por medio del profeta Isaías: "... yo escogí, desatar las ligaduras de impiedad, soltar las cargas de opresión, y dejar ir libres a los quebrantados, y que rompáis todo yugo... que partas el pan con el hambriento, y a los pobres errantes albergues en casa; que cuando veas al desnudo, lo cubras, y no te escondas de tu hermano" (Is. 58:6-7).

EL ENOJO ES COMO LA LUZ ROJA QUE CENTELLEA EN EL TABLERO DE UN AUTO Y QUE INDICA CLARAMENTE QUE ALGO NECESITA ATENCIÓN INMEDIATA.

Pero ¿cómo funciona esto en la vida cotidiana?

Volvamos al caso de Mercedes, a quien conocimos en el capítulo anterior. Ella está enojada con sus hijos preescolares debido a lo que percibe como un comportamiento inapropiado; está enojada con su esposo porque él no le proporciona la ayuda suficiente en la casa; está enojada consigo misma porque tomó la decisión de quedarse en casa con sus hijos y, finalmente, está enojada con Dios porque, según ella, Él permitió que se metiera en ese enredo. Por el momento, no estamos interesados en saber qué acciones específicas debería emprender Mercedes; solamente nos preguntamos: ¿Qué propósito tiene el enojo de Mercedes? Creo que consiste en motivarla a emprender acciones de amor positivas para manejar una situación que ella considera injusta, inaceptable, tiránica e inhumana. Ella no debe ignorar su enojo. El enojo es como la luz roja que centellea en el tablero de un auto y que indica claramente que algo necesita atención inmediata.

El enojo puede ser un motivador poderoso y positivo, que puede servir para movilizarnos a emprender acciones de amor con las cuales buscamos rectificar errores y corregir injusticias. Pero también puede convertirse en una fuerza impetuosa e incontrolada.

La dificultad estriba en que todos estos maravillosos y positivos propósitos del enojo parecen eludirnos cuando nos encontramos en medio del ardor de la ira. En ese momento, nos olvidamos de rectificar las cosas y terminamos por empeorar la situación. Esto nos lleva a la siguiente y apremiante pregunta: ¿Cómo podemos procesar el enojo de una manera positiva?

Británicos enojados

- *El 53% de los británicos ha sido víctima de maltrato laboral.*
- *El 71% sufre de "arrebatos cibernéticos" por frustrantes investigaciones en la Internet.*
- *Más del 80% ha participado en incidentes de ira en la carretera.*
- *Más del 50% ha salido furioso de un establecimiento comercial debido a la frustración por un mal servicio.*

Fuente: La revista *London Sunday Times*, 16 de julio de 2006

Las personas que vuelan con ira siempre aterrizan mal.

Will Rogers

CAPÍTULO 3

Cuando tengo una buena razón para estar **enojado**

TODAS LAS SIGUIENTES personas están enojadas por diferentes razones. Sin embargo, el objeto de su enojo es el mismo. ¿Puede reconocer cuál es?

- Cada vez que Mónica asiste a una reunión familiar, ora de antemano. ¿Por qué? Porque ella sabe que su hermana Fernanda la va a fastidiar con algo; así sea su peinado, sus modales en la mesa o la manera en que trata a su madre. Mónica trata de mantener la paz por el bien de mamá, pero por dentro está furiosa.
- Bruno es un consultor independiente que maneja su propio negocio. Uno de sus clientes le debe una cantidad considerable. Bruno lo ha llamado, le ha escrito, le ha enviado correos electrónicos y ha ido a cobrarle en persona. El cliente sigue prometiendo que le va a pagar, pero el cheque nunca aparece. Bruno está extremadamente enojado y contempla la posibilidad de hacerle juicio.
- Ana y Norberto han estado saliendo hace meses y ahora comienzan a hablar de matrimonio. Ana ama a Norberto, pero le molesta que siempre llegue tarde. Ahora, mientras espera

que él la vaya a buscar a su complejo de apartamentos, ella comienza a sentir el típico enojo.

- El vecino de Alan decidió empezar a arreglar su jardín delantero la semana pasada. Cuando estaba quitando los arbustos, arrancó dos que estaban en el terreno de Alan. Cuando Alan vio los hoyos, y que sus matas habían desaparecido, primero se horrorizó y después se enojó. Su esposa Elena tuvo que escuchar todas sus quejas al llegar a casa del trabajo.
- Cristina está sentada en mi oficina después de catorce años de matrimonio con Leonardo. "No lo entiendo —dijo—. Hemos estado casados catorce años y hemos tenido un buen matrimonio. Ahora él me dice que ya no me ama y que se ha enamorado de otra persona. ¿Cómo es posible que se haya enamorado de otra persona? Tan solo hace una semana hicimos el amor. ¿Cómo pudo hacerlo si está enamorado de otra mujer?".

Todas estas personas están enojadas hacia un mismo objeto: otra persona. Este es el tipo de enojo que estamos abordando en este capítulo: el enojo hacia una persona con la que se tiene una relación. Puede ser un miembro de su familia, un compañero de cuarto, un amigo, un colega del trabajo, un vecino o cualquier persona con la que mantenga una relación constante.

¿POSITIVA? ¿EN AMOR?

Al procesar el enojo hacia alguna persona con la que tenga una relación, es necesario responder dos preguntas muy importantes: 1. ¿Estoy respondiendo de manera *positiva*? Es decir, ¿tiene mi manera de responder el potencial de tratar el error cometido y restaurar la relación? 2. ¿Estoy respondiendo *en amor*? Es decir, ¿estoy respondiendo para el beneficio de la persona con quien estoy enojado?

Estamos hablando aquí del enojo *válido*; es decir, el enojo provocado por un error genuino por parte de la otra persona, como en los ejemplos anteriores. Entonces, ¿cómo deberían Mónica, Bruno y los demás manejar su enojo válido? Mi consejo es un proceso de cinco pasos: (1) Reconozca conscientemente en su interior que está enojado; (2) Conténgase de responder de inmediato; (3) Localice el foco de su enojo; (4) Analice todas las opciones; (5) Emprenda una acción constructiva. Al ir completando cada paso, avanzaremos hacia la meta que es hacer de nuestro enojo algo productivo.

"¡SÍ, ESTOY ENOJADO!"

Primero, reconozca conscientemente en su interior que está enojado. "Eso es obvio —dirá usted—. Cualquier persona sabría que estoy enojado". Tal vez sí, pero la pregunta aquí es: ¿Usted es consciente de su propio enojo? Debido a que la emoción del enojo surge tan súbitamente, muchas veces terminamos envueltos en una respuesta física o verbal al enojo antes de reconocer conscientemente lo que está sucediendo en nuestro interior. Tendremos mayores probabilidades de encontrar una respuesta positiva a nuestro enojo si primero reconocemos internamente que estamos enojados.

Le sugiero que diga las palabras en voz alta. "¡Estoy enojado por esto! ¿Ahora qué voy a hacer?". Una declaración así pone claramente las cosas sobre la mesa. Ahora no solo es consciente de su propio enojo, también ha podido distinguir la diferencia entre su enojo y la acción que va a emprender al respecto. Ha preparado el terreno para razonar sobre su enojo y no ser simplemente controlado por sus emociones. Este es un primer paso muy importante en el procesamiento positivo del enojo.

Por simple que pueda parecer, algunos cristianos tienen dificultad para hacer esto. Durante toda su vida, se les ha enseñado que el enojo es pecado, así que admitir que están enojados equivale a reconocer que están pecando. Pero esta no es la perspectiva bíblica del enojo. Espero que los dos primeros capítulos hayan aclarado suficientemente que la experiencia del enojo no es pecaminosa. Forma parte de nuestra humanidad y es un reflejo de la ira experimentada por Dios mismo. Pablo lo afirmó claramente cuando dijo:

"Airaos, pero no pequéis..." (Ef. 4:26). El reto no consiste en "no airarse", sino más bien en no pecar cuando estamos airados.

Este es precisamente el asunto que estamos tratando en este capítulo: ¿Cómo evito pecar cuando estoy enojado? O planteado de una manera positiva: ¿Cómo respondo ante mi propio enojo a fin de que mis acciones sean constructivas? Creo que el primer paso hacia alcanzar este objetivo es reconocer verbal y conscientemente en el interior que uno está enojado.

CONTÉNGASE: CUENTE HASTA MIL

Segundo, conténgase de responder de inmediato. Muy pocos adultos han aprendido la manera de controlar y manejar su enojo. La mayoría de nosotros seguimos los patrones que aprendimos en la infancia al observar a nuestros padres o a otros adultos importantes para nosotros. Estos patrones tienden a agruparse en dos extremos: un desahogo verbal o físico por un lado, y un retraimiento y silencio por el otro. Ambos son destructivos.

Para la mayoría de nosotros, el control del enojo es algo que debemos aprender como adultos, y eso también implica *olvidar* patrones antiguos. De modo que contenernos de responder inmediatamente resulta fundamental a la hora de establecer nuevos patrones. Contener nuestra respuesta no equivale a acopiar nuestro enojo. Es negarse a emprender la acción que emprendemos típicamente cuando estamos enojados. Salomón escribió con sabiduría: "El necio da rienda suelta a toda su ira, mas el sabio al fin la sosiega" (Pr. 29:11). Y también: "La cordura del hombre detiene su furor..." (19:11). O considere la sobriedad de este proverbio de Salomón: "El que fácilmente se enoja hará locuras..." (14:17). El autor Ambrose Bierce dijo: "Hable cuando esté enojado y dirá el discurso que más se arrepentirá de haber pronunciado". La mayoría de nosotros hemos tenido la experiencia de decir o hacer cosas en un momento de máxima ira, que más tarde hemos lamentado, pero desdichadamente fue imposible borrar. Es muchísimo mejor aprender a contener nuestra respuesta inmediata.

De vez en cuando, me encuentro con personas en mis seminarios sobre matrimonio que me dicen: "Doctor Chapman, no puedo controlar mi enojo. Cuando estoy enojado, me siento abrumado y no puedo contener mi reacción. Simplemente exploto y me pongo furioso". Aunque puedo identificarme con lo que la persona dice y entiendo la naturaleza dominante del enojo cuando se deja que ruede, creo que esta declaración no tiene un buen fundamento. Es cierto que cuando empezamos a expresar enojo de una forma destructiva, sea verbal o física, es difícil detener la corriente de lava. Pero existe un momento antes de que las palabras encolerizadas empiecen a fluir, en el cual podemos entrenarnos para contener esa respuesta.

MUCHOS DE NOSOTROS PODRÍAMOS TENER QUE CONTAR HASTA CIEN O AUN HASTA MIL.

¿Le ha dado su madre este consejo basado en el sentido común? "Cuando estés enojado, cuenta hasta diez antes de hacer o decir algo". Es un buen consejo, pero muchos de nosotros podríamos tener que contar hasta cien o aun hasta mil. Esta extensa demora podría mitigar el fuego por dentro. Muchos han descubierto que esta es una técnica factible que les ayuda a contener su respuesta.

Le sugiero que cuente en voz alta. Si la persona con quien está enojado se encuentra presente, le sugiero que salga del lugar. Salga a caminar mientras cuenta y al llegar a la vuelta de la esquina, cuando llegue a 597, muy probablemente se encontrará en un estado mental y emocional que le permita detenerse y decir: "Estoy enojado por esto. ¿Ahora qué voy a hacer?". Para el cristiano, este es el momento de orar: "Señor, tú sabes que estoy enojado. Creo que lo que me han hecho está mal. Por favor, ayúdame a tomar una decisión sabia acerca de cómo reaccionar en esta situación". Después, con Dios, empiece a considerar sus diferentes opciones.

Otra técnica que he explicado muchas veces en mis seminarios matrimoniales es solicitar un "receso" cuando alguien se da cuenta de que está enojado. Esto puede expresarse en voz alta y decir simplemente: "¡Tiempo!" o "Una pausa", o puede expresarse visualmente con la señal que se emplea en las actividades deportivas cuando los jugadores o el entrenador piden tiempo haciendo una T con las dos manos. Ese puede convertirse en su símbolo para decir: "En este momento, estoy enojado y no quiero explotar, así que tomemos un receso". Si las dos partes entienden que esta es una técnica positiva y no un escape negativo de la situación, entonces pueden aceptar esto como un paso positivo hacia el control del enojo. Nótese, por favor, que el tiempo de receso no es de tres meses, es simplemente un lapso breve que le da la oportunidad de tomar control de sus emociones para que pueda abordar la situación mediante una acción constructiva.

¿POR QUÉ ESTÁ USTED REALMENTE ENOJADO?

El *tercer paso* tiene lugar mientras se contiene de responder inmediatamente. Cuando esté en su "receso" y haya contado hasta cien o hasta mil, *localice el foco de su enojo.* Si está enojado con su cónyuge, hágase las siguientes preguntas: ¿Por qué estoy tan enojado? ¿Es por lo que dijo o hizo mi cónyuge? ¿Acaso es la forma como está hablando lo que me molesta? ¿O es la manera como me mira? ¿La conducta de mi cónyuge me hace recordar a mi madre o a mi padre? ¿El enojo que siento hacia mi cónyuge está influido por algo que ocurrió hoy en el trabajo o antiguamente en la infancia?

Isabel estaba enojada porque su hijo adolescente, Luis, no ordenó su cuarto antes de irse, y su madre estaba por llegar en tres horas. Después que Luis se fue, e Isabel tuvo tiempo para calmarse y reflexionar sobre el episodio, se dio cuenta de que su enojo hacia Luis era más por su madre que por su hijo. Su mente volvió a una escena de hacía años en que su madre la miró fijamente y le dijo: "Nunca vas a llegar a ninguna parte. Mira, ni siquiera puedes mantener ordenado tu cuarto". Esa misma persona estaba por llegar a su casa y observar el cuarto de Luis. ¿Acaso aquella sería la prueba definitiva de que realmente Isabel había fracasado? Isabel admitió que si su madre no estuviera a punto de llegar, el cuarto de Luis no habría sido un problema para ella, porque de hecho su cuarto normalmente estaba desordenado. Al entender esto, Isabel pudo adoptar una perspectiva más positiva de su enojo.

Fundamentalmente, para localizar el foco del enojo hay que descubrir cuál es la falta cometida por la persona con la cual uno está enojado. ¿Cuál es el pecado de la persona? ¿En qué le ha fallado? Pedro dijo acerca de su esposa Carolina: "¡Ella nunca tiene tiempo para mí! Me gustaría que alguien le informara que es una mujer casada". Cuando él analizó su enojo, se dio cuenta de que el asunto no era si Carolina debía o no salir a pasear con sus amigas. Su enojo realmente estaba enfocado en su necesidad insatisfecha de ser amado. Ese era el verdadero problema que había en su mente. Una esposa debería expresarle amor a su esposo. Él no se sentía amado, se sentía ignorado. Su enojo realmente se enfocaba en el hecho de que Carolina no había satisfecho su necesidad emocional de sentirse amado. Este concepto le ayudó a procesar su enojo de una manera mucho más constructiva.

Otro asunto para definir es cuán grave es la ofensa. Desde luego, que Norberto llegue tarde a una cita no es tan grave como si Norberto fuera un abusador. Algunas fallas son menores, y otras son mayores. Cada una requiere una respuesta diferente. Responder a asuntos menores de la misma forma como se reacciona ante faltas graves constituye un mal manejo de la ira.

Es posible que le resulte útil asignar un grado determinado a la gravedad del asunto en una escala del 1 al 10, donde 10 corresponde a las ofensas más graves y 1 a las irritaciones menores. Asignar un grado al nivel de las ofensas no solamente le ayudará a ponerlas en perspectiva, sino que al hablar del grado de la ofensa con la persona que lo ofendió, podrá prepararla mental y emocionalmente para procesar el enojo con usted. Si me dicen que el problema es de grado "2", entonces sé que no es algo que tomará toda la noche y, que si presto toda mi atención y procuro entender, podremos resolver el asunto con cierta facilidad. Por otra parte, si me dicen que es una ofensa grado "10", sé que tenemos mucho terreno que recorrer y que tendré que posponer la lectura de mi libro hasta la noche siguiente.

¿Y AHORA QUÉ?

Localizar el foco de su enojo y la gravedad de la ofensa lo prepara para dar el *cuarto paso*: *analice sus opciones*. Llegó el momento de preguntar cuáles son las posibles acciones que podría emprender. Escriba los pensamientos que lleguen a su mente o dígalos en voz alta para usted mismo.

Son muchas las opciones. Podría regresar para recriminar al ofensor verbalmente a causa de su comportamiento injusto, desconsiderado o carente de amor. También podría recordarle todas las faltas pasadas que lleguen a su memoria. Hasta podría emplear palabras fuertes para mostrarle la intensidad de sus sentimientos sobre el asunto. Podría regresar y golpearlo en la cabeza con un palo, abofetearlo, sacudirlo enérgicamente o arrojarle una botella. Podría desecharlo con una afrenta mental: *Es un necio, tonto e ignorante. No voy a desperdiciar mi tiempo ni siquiera hablando del asunto. No tiene objeto hablar con un idiota. Simplemente volveré a sentarme frente a la computadora y jamás mencionaré el asunto.* O podría intentar vengarse por medio del retraimiento: *Voy a salir de su vida, no quiero volver a verlo ni darle explicaciones. Que sienta el rechazo por un tiempo.* Estas y muchas más opciones pueden invadir su mente.

SOPORTAR LAS AFLICCIONES CON PACIENCIA Y MANSEDUMBRE EQUIVALE A DEJAR EL ASUNTO DE LA JUSTICIA EN MANOS DE DIOS.

¿Cuáles de estas son opciones prudentes? Pues bien, recuerde nuestras dos preguntas fundamentales: ¿Es positiva y está motivada por el amor? ¿La acción que estoy contemplando tiene algún potencial para corregir la falta y restaurar la relación? ¿Es lo mejor para la persona con la que estoy enojado? Creo que estará de acuerdo conmigo en que la mayoría de las opciones mencionadas en el párrafo anterior no responden afirmativamente estas preguntas. En teoría, son opciones, pero no son opciones constructivas. Tal vez, son el tipo de cosas que he hecho en el pasado, pero no son las cosas que quiero hacer en el futuro.

Entonces, ¿cuáles son las opciones cristianas? Por lo que veo, solamente hay dos opciones. Una es confrontar a la persona en amor. La otra es decidir deliberada y conscientemente pasar por alto el asunto. Consideremos primero la segunda opción. Hay ocasiones en que la mejor opción cristiana consiste en admitir que han cometido una falta con uno, y llegar a la conclusión de que confrontar a la persona que cometió la falta tiene muy poco o ningún valor compensatorio o de redención. Por lo tanto, elijo resignarme y encomendar la persona a Dios. Esto no equivale a guardar y acumular nuestro enojo, sino todo lo contrario. Es rendir el enojo ante Dios, renunciar al derecho de tomar venganza, que según las Escrituras es siempre una prerrogativa de Dios mismo (véase Ro. 12:19), y no permitir que lo sucedido perjudique mi propio sentido de bienestar. Usted está tomando conscientemente la decisión de pasar por alto la ofensa.

Esto es lo que la Biblia llama *soportar las aflicciones con paciencia y mansedumbre*, y equivale a dejar el asunto de la justicia en manos de Dios, sabiendo que Él está plenamente al tanto de la situación. De esta manera, Dios puede hacer con la persona lo que juzgue sabio, prudente y necesario. Usted está eligiendo liberarse y no convertirse en prisionero de la falta que fue perpetrada en su contra.

Algunas veces, esta puede ser la mejor opción. Por ejemplo, sus padres lo han ofendido durante muchos años o lo han herido profundamente en dos o tres períodos cruciales de su vida. Usted ha mantenido una relación superficial con ellos, pero el enojo ha permanecido en su corazón todos estos años. Ahora usted es cristiano o está creciendo en su vida cristiana, y quiere lidiar con este enojo. Mira a sus padres, y ya tienen más de ochenta años. Sabe en su corazón que ellos no tienen la capacidad de entender o responder al dolor que usted ha sentido. Recuerda haberlo intentado una vez hace muchos años y no llegaron a ninguna parte, así que decide que ya es tiempo de olvidar el asunto.

Usted podría decir: "Nunca tendré la relación profunda que me habría gustado tener con mis padres, pero confrontarlos a estas alturas de la vida sería contraproducente; por lo tanto, suelto mi enojo y dolor, y los entrego a Dios, sabiendo que Él me ama con un amor incondicional, y que es justo y misericordioso para hacer lo correcto con mis padres". Y luego declara: "Dejo a mis padres a cargo de Dios y renuncio a mi enojo; le permito al Espíritu Santo que llene mi ser y me limpie de todo resentimiento y enojo". Así ha elegido conscientemente andar por la senda de la paciencia y la mansedumbre.

He aquí otra situación en la que una respuesta en paciencia y mansedumbre sería la mejor de todas. En su opinión, el supervisor de su trabajo lo ha tratado de una manera nada profesional. De hecho, lo ha tratado injustamente. En el proceso de analizar su enojo y explorar sus opciones, recuerda que cinco amigos suyos han tenido que enfrentarse al mismo supervisor en los últimos tres años, por soportar lo que ellos también consideraron un trato injusto. En resumen, todos fueron despedidos y ya no trabajan en la empresa. De modo que usted llega a la conclusión de que el supervisor es un individuo indiferente e irracional, y que seguramente hablar con él solo empeoraría las cosas. Al considerar que tiene una familia que sustentar y que no es fácil conseguir otro empleo en ese momento, decide olvidar el asunto. Usted sabe que al elegir esta opción sus sentimientos o pensamientos acerca del supervisor no van a cambiar. Aún se siente ofendido y percibe el trato injusto hacia usted, pero toma la decisión consciente de dejar la situación como está. Quizá empieza a buscar otro trabajo o se da cuenta de que quedarse en la compañía implicará no lograr ningún ascenso mientras ese supervisor siga en la empresa. En cualquier caso, sigue sosteniendo que confrontar al supervisor con su enojo será contraproducente.

Cuando emprende tal curso de acción, está poniendo tanto a su supervisor como a su enojo en manos de Dios. A fin de continuar normalmente su vida, considera que esas acciones son las mejores. Hacer eso no significará un progreso en la relación con su supervisor, pero al menos le dará la libertad para invertir sus energías emocionales y físicas en actividades que sean más productivas.

Hay muchas otras ocasiones en las que pasar por alto la ofensa puede ser la mejor opción. Las Escrituras reconocen que esta es, con mucha frecuencia, una manera válida de manejar nuestro enojo. Por ejemplo: "La cordura del hombre detiene su furor, y su honra es pasar por alto la ofensa".[1] De ese modo, soltamos nuestro enojo a Dios, y el asunto queda en sus manos para que nosotros podamos proseguir con nuestra vida.

Sin embargo, con mucha mayor frecuencia la respuesta sabia al enojo es confrontar en amor a la persona que lo ha ofendido en un esfuerzo por buscar una solución definitiva. "...Si tu hermano pecare contra ti, repréndele; y si se arrepintiere, perdónale".[2] Nótese que Jesús está hablando acerca de aquellas personas con las cuales tenemos una relación. Él dice: "Si tu *hermano* pecare contra ti". Además, la palabra que se traduce *repréndele* significa literalmente "colocar un peso encima". De manera que reprender es presentarle un asunto a una persona, traerlo claramente a su atención. Hay numerosos ejemplos de esto en el Nuevo Testamento.

REPRENDER ES PRESENTAR UN ASUNTO ANTE LA PERSONA QUE USTED PERCIBE QUE LO HA OFENDIDO.

En cierta ocasión, Jesús empezó a enseñarles a sus discípulos que Él iba a pasar por muchos sufrimientos y que sería rechazado por los ancianos y los principales sacerdotes, y que lo matarían, pero que en tres días resucitaría. Las Escrituras registran la reacción que tuvo un discípulo a estas palabras: "...Entonces Pedro le tomó aparte y comenzó a reconvenirle".[3] ¿Por qué Pedro empezó a amonestar a Jesús? Porque en su mente, lo que Jesús decía no era correcto. *Esta no es la forma de establecer un reino. Y mi maestro de ningún modo va a morir asesinado.* Tal vez, Pedro pensó que Jesús estaba deprimido, pero el caso es que no estaba de acuerdo con lo que Él decía, así que en privado trató de reconvenirle.

En respuesta, Jesús "...volviéndose y mirando a los discípulos, reprendió a Pedro, diciendo: ¡Quítate de delante de mí, Satanás! Porque no pones la mira en las cosas de Dios, sino en las de los hombres".[4] Jesús sabía que Pedro había entendido mal las cosas; que de hecho, estaba hablando con las palabras de Satanás. En pocas palabras, Pedro estaba equivocado, y Jesús lo confrontó claramente con su equivocación. En otra ocasión, Jesús reprendió a Jacobo y a Juan por su actitud hostil hacia los samaritanos que no habían creído. Ellos sugirieron: "...Señor, ¿quieres que mandemos que descienda fuego del cielo, como hizo Elías, y los consuma? Entonces volviéndose él, los reprendió, diciendo: Vosotros no sabéis de qué espíritu sois" (Lc. 9:54-56). Evidentemente la actitud de ellos era incorrecta, y Jesús les llamó la atención para que lo reconocieran.

La reprensión no es ningún tipo de maltrato verbal. Reprender es presentar un asunto ante la persona que usted percibe que lo ha ofendido. Tal reprensión debe hacerse amable pero firmemente, y reconocer que siempre existe la posibilidad de que hayamos entendido mal las palabras o acciones del hermano, de la misma manera que Pedro no entendió las palabras de Jesús acerca de la proximidad de la muerte del Salvador. Con frecuencia les sugiero a las personas que pongan su reprensión por escrito antes de tratar de expresarla verbalmente. Podría ser más o menos así: "Hay algo que me ha estado molestando. De hecho, creo que tendría que decir que estoy enojado. Tal vez he entendido mal la situación, pero cuando tengas una oportunidad, me gustaría hablar al respecto".

Una declaración así muestra cómo se encuentra usted, revela abiertamente su enojo y pide una oportunidad para procesarlo con la persona involucrada. Usted ha reconocido que su percepción podría ser incorrecta en cierto grado, pero está decidido y dispuesto a resolver el asunto. Pocas personas se mostrarán poco dispuestas a responder con una oportunidad de hablar sobre el asunto si se aborda de esta manera. Si se da la oportunidad, entonces podrá presentar su percepción de lo que escuchó, o vio o cree que es cierto, y preguntar si ha entendido la situación correctamente o no. Esto le da a la persona que lo ofendió una oportunidad de (1) proporcionarle información que posiblemente ignore, o (2) explicar sus motivos en lo que dijo o hizo, o (3) admitir ante usted claramente que lo que hizo estuvo mal y pedirle perdón.

En este contexto de comunicación abierta donde cada persona trata de entender a la otra, el asunto quedará resuelto. Bien sea por su explicación o su confesión de la falta, las cosas están dadas para una reconciliación. Si la persona admite su falta y expresa una actitud de arrepentimiento, la clara enseñanza de Jesús es que debemos perdonar al individuo.

En Mateo 18, Jesús describe cómo funciona este principio en el contexto de la iglesia local: "Por tanto, si tu hermano peca contra ti, ve y repréndele estando tú y él solos; si te oyere, has ganado a tu hermano. Mas si no te oyere, toma aún contigo a uno o dos, para que en boca de dos o tres testigos conste toda palabra. Si no los oyere a ellos, dilo a la iglesia; y si no oyere a la iglesia, tenle por gentil y publicano".[5]

¿Y cómo se trata a un gentil o publicano? Orando por su salvación y su restauración; tratando a la persona con dignidad y respeto, como un individuo por el cual Cristo murió. Pero no se puede tener con él un compañerismo fraternal y cálido porque se está negando a tratar la ofensa, y esto siempre es causa de división.

De este modo, en la iglesia o fuera de ella, el ideal es siempre la reconciliación con un amigo o miembro de la familia. La confrontación nunca tiene el propósito de condenar a la persona, sino de restaurar la relación para que sea genuina, abierta y amorosa. Si ha habido un malentendido, debe despejarse el ambiente para seguir teniendo comunión como hermanos o como cónyuges. Si se confiesa la falta, debemos perdonar y restaurar la relación. El apóstol Pablo escribió que siempre debemos recordar que cualquiera de nosotros podría ser el que cometa la falta la próxima vez.[6] Ninguno de nosotros es perfecto, y cuando cometemos una falta, lo más probable es que provoquemos el enojo de la persona a quien hemos ofendido.

La confrontación en amor no es fácil para la mayoría de las personas. No hemos recibido formación en este aspecto y tenemos muy poca experiencia con esta forma de manejar el enojo. Tenemos mucha más experiencia en dar rienda suelta a nuestra ira o en procurar negarla o disimularla, pero esas alternativas siempre resultan destructivas. La confrontación en amor con la mira puesta en la reconciliación es normalmente la mejor manera de abordar el problema.

EL PASO FINAL: EMPRENDER UNA ACCIÓN CONSTRUCTIVA

Esto nos lleva al *quinto paso*: *emprenda una acción constructiva.* Una vez que ya hemos explorado nuestras opciones, ha llegado el momento de emprender una acción. Si decido "pasar por alto la ofensa", entonces debo comentar esta decisión con Dios. Podría decirle: "Señor, tú sabes lo que ha ocurrido. Sabes cuán herido y enojado estoy. Pero creo que realmente lo mejor que puedo hacer en esta situación es resignarme y dejar a esa persona en tus manos. Tú conoces sus acciones y también sus motivos. Sé que Tú eres un Dios recto, por eso confío en que harás lo correcto con esa persona. También te entrego mi enojo. El enojo me estimuló a pensar bien las cosas, y estoy convencido de estar dando el mejor paso. Por lo tanto, declaro acabado el asunto. Mi enojo ya cumplió su propósito, y te lo entrego a ti. Ayúdame a no ser controlado por cualquier clase de pensamientos y sentimientos residuales que traten de venir sobre mí en los días siguientes. Quiero que mi vida sea constructiva y que no se vea atrofiada por este incidente. Gracias porque soy tu hijo, y Tú te encargarás de mí".

Si durante los días o semanas siguientes, su mente vuelve a la ofensa cometida y regresan las emociones de dolor y enojo, entréguele esos pensamientos y emociones a Dios, y dígale: "Señor, sabes lo que estoy recordando y lo que siento en estos momentos. Pero te doy las gracias porque ya pude tratar con este asunto y nuevamente dejo en tus manos estos pensamientos y sentimientos.

Ayúdame ahora, a hacer algo constructivo con mi vida durante lo que resta de este día". Después, proceda a enfrentar los retos del presente.

Por otra parte, si elige la opción de confrontar en amor a la persona que lo ha ofendido, recuerde el reto planteado por Pablo: "Hermanos, si alguno fuere sorprendido en alguna falta, vosotros que sois espirituales, restauradle con espíritu de mansedumbre, considerándote a ti mismo, no sea que tú también seas tentado" (Gá. 6:1). Su confrontación podría ser más o menos así: "Hay algo que me está molestando, y necesito conocer tu opinión. ¿Cuándo podríamos hablar?".

Si la persona accede a su solicitud, puede decir algo así: "Estoy dolido y enojado por algo que ocurrió. Sé que tal vez pude haber entendido mal la situación. Por eso, quiero hablar al respecto. Ayer, cuando tú (lo que sea) interpreté eso como una acción muy cruel. Sentí que no tuviste en cuenta mis sentimientos para nada. Tal vez, interpreté mal tus acciones, pero necesito resolver este asunto". Quizá la persona ofrezca una explicación que arroje luz sobre sus acciones y le dé a usted una perspectiva diferente sobre la actitud y las intenciones de esa persona. Por otra parte, puede ser que ella admita que lo que cometió fue desconsiderado y cruel, y le pida perdón. En ese caso, siempre debe perdonar.

Si la ofensa fue de una naturaleza extremadamente grave, es posible que el perdón no logre restaurar su confianza en la persona. Discutiremos la naturaleza del perdón en un capítulo posterior, pero el perdón es la promesa de que usted no va a mantener esta ofensa particular en contra de la persona. Su enojo ya ha cumplido su propósito, y ambas partes se han reconciliado.

Una confrontación en amor, de estas características, resulta típicamente en la genuina confesión de una falta y la extensión del perdón, o en una conversación que arroja nueva luz sobre el asunto; usted descubre que lo dicho o hecho por la persona no fue exactamente lo que había percibido, o que las motivaciones que le había atribuido no eran las que la persona manifiesta haber tenido. En cualquier caso, el asunto queda aclarado, el problema se resuelve, y la relación continúa creciendo. De esta manera, el enojo ha cumplido su legítimo propósito habiéndole motivado a emprender una acción constructiva para asegurarse de resolver el asunto.

"NO QUIERO QUE EL DINERO SEA UNA BARRERA ENTRE NOSOTROS"

La confrontación no siempre conduce a la justicia, pero se espera que derive en una relación restaurada. Francisco, un trabajador esforzado, había alcanzado cierto éxito en su negocio y tenía acumulado una importante cartera de inversiones. Horacio, su antiguo amigo, estaba empezando un nuevo negocio y acudió a él para pedirle un préstamo de cincuenta mil dólares para iniciar el negocio. Francisco le prestó el dinero con toda confianza. Cada uno firmó un sencillo acuerdo sobre el préstamo donde decía que Horacio podía usar el dinero durante un año sin intereses y que, al término del contrato, devolvería toda la suma o renegociaría la deuda.

Al año siguiente, el negocio de Horacio ya no existía, y los cincuenta mil dólares se habían acabado. Aunque consiguió otro trabajo, su salario no era suficiente para pagar la deuda. Él le había prometido a Francisco que le pagaría en los siguientes cinco años, pero nunca pudo hacerlo. Tenía buenas intenciones, pero nunca pudo devolverle el dinero. Francisco no intervino, pero estaba luchando con su enojo hacia Horacio.

Al final, Francisco tuvo un revés en su propio negocio, y el dinero hubiera sido realmente útil en ese momento para él, pero Horacio no tenía forma de pagarle. Después de mucha oración y conversaciones con su pastor, Francisco confrontó a Horacio y le manifestó su enojo. Horacio le expresó su propio dolor por no haber podido devolver el préstamo. "Si hubiera tenido el dinero te lo hubiera dado —dijo—. En cuanto pueda, te lo devolveré".

Francisco decidió que no iba a esperar más que Horacio le devolviera ese dinero, y le dijo: "Hemos sido amigos mucho tiempo y no quiero que el dinero sea una barrera entre nosotros. Si algún día puedes devolverme el préstamo, realmente me encantaría, pero si no es así, no voy a presionarte con el dinero".

Francisco tenía el derecho legal de demandar a Horacio por no haber pagado el préstamo. Sin embargo, él sabía que al hacer eso Horacio quedaría devastado económicamente. Él tomó la decisión de no hacerlo, pues creía que no se lograría nada bueno con ello. La elección de aceptar menos de lo que hubiera deseado también fue suya. Él y Horacio siguen siendo amigos, y Horacio espera sinceramente poder pagarle algún día. Está profundamente agradecido por la actitud de su amigo. La decisión de no forzar el asunto por parte de Francisco ha hecho posible que su amistad perdure.

Hay ocasiones en las que tomar la decisión de no buscar que se haga justicia es la mejor alternativa. Para Francisco, esta fue una elección consciente tras haber confrontado a Horacio con sus pensamientos y sentimientos. La confrontación condujo a una resolución que era mucho menos que ideal, pero ahora Francisco se ha liberado de su enojo, y su relación con Horacio ha mejorado. La confrontación en amor siempre abre la posibilidad de tratar la falta y restaurar la relación.

> **NO PODEMOS HACER QUE LAS PERSONAS SE CONFIESEN, SE ARREPIENTAN Y SE RECONCILIEN CON NOSOTROS.**

Por supuesto, siempre queda la posibilidad de que al confrontar a alguien, esa persona niegue haber cometido la falta, aunque usted sepa que la persona lo ha ofendido. Esto sucede a menudo cuando un cónyuge confronta al otro que es culpable de tener un amante. El cónyuge miente para protegerse, y la mentira misma da lugar a un enojo mayor. Si tiene certeza de los hechos, entonces debe darse cuenta de que es imposible reconciliarse con esa persona. El pecado no confesado resquebraja la relación con los demás y con Dios. Entonces, debe decidir cuál es su siguiente paso. Puede ser acudir a un pastor, un consejero o un amigo de confianza en busca de consejo. También puede ser la lectura de un libro apropiado, pero indudablemente significará pedir a Dios en oración que lo guíe a hacer lo mejor.

Si después de otra confrontación, la persona se niega a admitir su falta, debe reconocer tarde o temprano que esta ha decidido no continuar su relación con usted. No podemos hacer que las personas se confiesen, se arrepientan y se reconcilien con nosotros. Debemos dejar que se alejen de nosotros y orar por ellos como oraríamos por una persona incrédula. La confrontación en amor no siempre trae como resultado la reconciliación, pero sí nos da la tranquilidad mental de haber tratado el problema de una manera responsable.

En resumen, estos son los pasos que deben darse en respuesta al enojo:

1. Reconozca conscientemente en su interior que está enojado.
2. Conténgase de responder de inmediato.
3. Localice el foco de su enojo.
4. Analice sus opciones.
5. Emprenda una acción constructiva.

Este es el camino que debemos recorrer para hacer del enojo algo productivo. También encontrará algunos consejos prácticos de estos cinco pasos en el resumen del "Repaso breve" de la página siguiente.

TÚ GRITAS, YO GRITO

Cuando a un individuo le gritan, este literalmente no puede hacer otra cosa que gritar en respuesta. Un estudio realizado por la unidad de investigación de alocución de la Universidad de Kenyon (Ohio) descubrió que esto ocurría aun cuando el individuo al que le gritaban no podía ver al sujeto que le gritaba, y aun cuando el asunto en discusión era algo neutral.

REPASO BREVE

CÓMO MANEJAR MI ENOJO

1. Reconozca conscientemente en su interior que está enojado. Diga en voz alta "¡Estoy enojado por esto! ¿Ahora qué voy a hacer?". Esta declaración lo hace ser consciente de su propio enojo y también le ayuda a reconocer tanto el enojo como la acción que va a emprender. Esta es una manera de razonar sobre su enojo.

2. Conténgase de responder de inmediato. Evite las comunes pero destructivas reacciones de desahogarse física o verbalmente o lo contrario, de retraerse y guardar silencio. Rehúse emprender la acción que tiene típicamente cuando se enoja. Esperar puede ayudarle a no decir o hacer cosas que realmente no sienta y de las que después tenga que arrepentirse.

3. Localice el foco de su enojo. ¿Qué palabras o acciones de la otra persona lo han hecho enojar? Si la persona realmente lo ha ofendido, identifique el pecado de la persona. ¿De qué modo lo ha ofendido? Después determine cuán grave es la ofensa. Algunas ofensas son menores, y otras son más graves. Determinar la gravedad de la ofensa debería influir en su respuesta.

4. Analice sus opciones. Pregúntese: ¿La acción que estoy considerando tiene algún potencial para tratar con la ofensa y restaurar la relación? ¿Es lo mejor para la persona con quien estoy enojado? Las dos opciones más constructivas son confrontar en amor a la persona o decidir conscientemente olvidar el asunto.

5. Emprenda una acción constructiva. Si elige "pasar por alto la ofensa", entonces confiese en oración a Dios su enojo y disposición de dejar a la persona en sus manos. Después entregue su enojo a Dios. Si decide confrontar a la persona que lo ha ofendido, hágalo amablemente. Escuche cualquier explicación, porque esta puede darle una perspectiva diferente de las acciones e intenciones de la otra persona. Si la persona admite que lo que hizo estuvo mal y le pide perdón, perdónela.

La ira nunca nace sin causa, pero ésta rara vez es buena.

G. S. Lord Halifax

CAPÍTULO 4

Cuando no tengo derecho a estar **enojado**

A ESTAS ALTURAS, TAL VEZ SE PREGUNTE: "Si el enojo es tan positivo, ¿entonces por qué ha ocasionado tantos problemas en el mundo?".

La respuesta es tan antigua como el huerto del Edén. El drama revelado en Génesis 3, protagonizado por Adán y Eva, la serpiente y un árbol frutal, alteró significativamente la naturaleza humana. Ahora tenemos la tendencia a tomar toda buena dádiva de Dios y distorsionarla hasta convertirla en algo perverso. El don de la razón, la sexualidad, el amor y muchos más han sido pervertidos.

El enojo no se escapa de este hecho. El engañador todavía se encuentra entre nosotros, y la escena del Edén se repite a diario. Pervertir el propósito divino del enojo ha sido uno de los diseños tácticos más exitosos de Satanás.

El enemigo ha usado muchas estrategias para desviar de su curso la intención original de Dios para el enojo humano. Una de las más poderosas consiste en hacernos creer que *todo* nuestro enojo tiene el mismo valor. "Si me parece que se ha cometido una falta, entonces me siento ofendido". Esta ilusión nos lleva a concluir que siempre que nos enojamos, tenemos derecho a estar enojados.

¿DEFINIDO O DISTORSIONADO?

El hecho es que gran parte de nuestro enojo es distorsionado. Existen dos clases de enojo: *definido* y *distorsionado*. El enojo definido surge a partir de una falta cometida. Alguien nos trata injustamente, se apropia de lo que nos pertenece, miente acerca de nuestro carácter o nos falla de cualquier otra forma. Esta es la única clase de enojo que Dios experimenta. Es un enojo válido. Sin embargo, el segundo tipo de enojo *no* es válido. Se origina por un simple disgusto, un deseo no satisfecho, un esfuerzo fallido o cualquier cantidad de otras cosas que no tienen nada que ver con una transgresión moral. La situación simplemente se presenta como una inconveniencia en nuestra vida que toca nuestra susceptibilidad, o sucede en un momento cuando estamos irritables o extremadamente cansados.

Lo denomino "enojo distorsionado", no porque las emociones sean menos intensas que las experimentadas en el enojo definido, sino porque constituyen respuestas a situaciones que no son genuinamente ofensivas. Gran parte de nuestro enojo con las personas también es distorsionado. Lo que la persona hizo me frustró, me decepcionó, me lastimó, me avergonzó, pero lo que aquella hizo no fue exactamente una falta cometida en mi contra. Mi enojo puede ser tan intenso como en cualquier otro caso, pero mi respuesta será diferente a la del enojo definido.

LA HISTORIA DE UN SOLDADO VALIENTE

El hecho de que las personas sí pueden reconocer cuándo el enojo es distorsionado y emprender acciones positivas es ilustrado por la historia de Naamán, un gran caudillo militar y soldado valiente que sufría de lepra. Este general del ejército del rey de Siria se había enterado, por medio de una muchacha prisionera de guerra, que había un profeta en Israel que podía curar la lepra. Naamán acudió al rey de inmediato, le dijo lo que la muchacha israelita le había comentado y le pidió permiso para ir hasta donde se encontraba el profeta de Israel. El rey no solamente le dio permiso, sino que alentó a Naamán en su búsqueda. Naamán preparó oro y plata, así como otros regalos, y partió en busca de su sanidad. Cuando por fin llegó a la puerta de la casa del profeta, este decidió quedarse adentro y enviar a un mensajero para decirle a Naamán: "Ve y lávate siete veces en el Jordán, y tu carne se te restaurará, y serás limpio" (2 R. 5:10). La respuesta de Naamán es notable:

> *Y Naamán se fue enojado, diciendo: He aquí yo decía para mí: Saldrá él luego, y estando en pie invocará el nombre de Jehová su Dios, y alzará su mano y tocará el lugar, y sanará la lepra. Abana y Farfar, ríos de Damasco, ¿no son mejores que todas las aguas de Israel? Si me lavare en ellos, ¿no seré también limpio? Y se volvió, y se fue enojado* (vv. 11-12).

Claramente, Naamán estaba muy enojado. Su presión sanguínea se había elevado, resoplaba por la nariz, y sus pies golpeteaban el suelo reseco. Mas su enojo se convierte rápidamente en furia cuando cruzan por su mente pensamientos que le parecen lógicos: *Qué absurdo, qué idiotez. ¿Dónde está el respeto? Le estoy dando una oportunidad para mostrar el poder de su Dios, y me dice que vaya a lavarme en las aguas turbias del Jordán. ¡Qué ridículo!*

En la mente de Naamán, el profeta Eliseo lo había ofendido, y tenía derecho a enojarse. En cambio, el profeta en realidad le había dado la cura para su lepra. Eliseo le había hecho un gran bien, pero debido a que Naamán pensó de manera distorsionada, se enojó con el profeta. En su furia, ya estaba listo para regresar a su tierra al pensar que su misión no solo había sido un fracaso sino una gran vergüenza.

Dichosamente, había algunas personas que lo acompañaron en su viaje y tenían bien puesta la cabeza. Sus siervos se acercaron a él y le dijeron:

> *...Padre mío, si el profeta te mandara alguna gran cosa, ¿no la harías? ¿Cuánto más, diciéndote: Lávate, y serás*

> *limpio? Él entonces descendió, y se zambulló siete veces en el Jordán, conforme a la palabra del varón de Dios; y su carne se volvió como la carne de un niño, y quedó limpio. Y volvió al varón de Dios, él y toda su compañía, y se puso delante de él, y dijo: He aquí ahora conozco que no hay Dios en toda la tierra, sino en Israel. Te ruego que recibas algún presente de tu siervo* (vv. 13-15).

Eliseo no aceptó sus presentes, sino que reconoció el poder sanador de Dios.

Naamán representa a aquel que experimenta un fuerte enojo aunque distorsionado, pero que al ser confrontado deja la furia y escucha razones en lugar de permitir que el enojo controle su comportamiento. Como resultado, este caudillo experimentó sanidad y regresó para honrar a la persona con quien había estado enojado antes. Naamán demuestra que el enojo distorsionado no tiene por qué controlar nuestra conducta y llevarnos a cometer actos destructivos.

Este relato bíblico nos presenta un ejemplo positivo de cómo responder al enojo distorsionado. Con ello surgen dos preguntas: 1. ¿Cómo podemos identificar cuando nuestro enojo es distorsionado? 2. ¿Cómo procesamos el enojo distorsionado? La primera pregunta es más fácil de responder, y lo haremos a continuación. Sin embargo, procesar el enojo distorsionado es más complicado, y responderemos esa pregunta en el próximo capítulo.

¿HAY UNA FALTA O NO?

El enojo distorsionado se diferencia del enojo definido en un sentido fundamental. En el enojo definido, siempre hay una falta perpetrada; el enojo constituye una respuesta a esa falta. En el enojo distorsionado, hay una falta *percibida* que conduce al enojo, pero la presunta falta solamente existe en su percepción, no es real.

Por ejemplo, usted va caminando por la calle y observa que un muchacho se acerca a un niño, le quita la bicicleta y se aleja. El niño grita: "¡Esa bicicleta es mía! ¡Esa bicicleta es mía! ¡Me robaron la bicicleta!". De inmediato, usted se enoja, sus emociones van en aumento, su corazón palpita más rápido y su mente se acelera, ante la sola idea de aprovecharse de un niño. Su mente dice: *¡Eso no está bien! Hay que hacer algo.* Si los hechos corresponden a lo que percibe, entonces su enojo es definido.

Pero supongamos que tras investigar el asunto más a fondo, descubre que la bicicleta en realidad le pertenecía al muchacho, y que el niño al verla abandonada había decidido dar un paseo. Cuando el dueño de la bicicleta lo vio, simplemente fue a recuperar lo que le pertenecía antes de perder de vista al niño. Su enojo hacia el muchacho es distorsionado porque él no cometió ninguna falta. De hecho, estaba corrigiendo una falta que el otro niño había cometido. El enojo distorsionado se basa en la percepción de una falta cometida, en tanto que el enojo definido se basa en una falta genuina.

Es evidente que si tratamos todo enojo como definido, cometeremos serios errores de juicio. Por ejemplo, si en la ilustración anterior usted presupone que su enojo es definido, podría perseguir al joven, bajarlo violentamente de la bicicleta y devolverle la bicicleta al niño. Todo esto para luego darse cuenta de que ha cometido un grave error.

A fin de entender el enojo distorsionado, debemos regresar a nuestro paradigma básico. En todo enojo, siempre hay primero un suceso instigador; segundo, una interpretación del suceso; y tercero, surge la emoción de la ira. En nuestro cuerpo, se originan ciertos cambios fisiológicos que nos disponen a la acción inmediata. Todo esto ocurre bien sea que se trate de enojo definido o distorsionado. Pero si queremos responder sabiamente al enojo, primero debemos discernir si está basado en una falta cometida realmente. Para esto se requiere tiempo y reflexión; de ahí la importancia del primer paso del capítulo anterior: contenerse de responder de inmediato. Al hacer esto, usted tiene la oportunidad de cuestionar la validez de su enojo. Se deben hacer preguntas y presentar evidencias con el fin de procesar positivamente el enojo. Se deben formular preguntas acerca de usted mismo y a veces acerca de la otra persona.

En la ilustración anterior, si se apresurara a preguntarle al niño: "¿De verdad esa bicicleta es tuya?". Él podría responderle: "No, solamente la tomé prestada para dar una vuelta". De inmediato se enteraría de que las cosas no son como las había percibido inicialmente. Con apenas un poco de información adicional, su enojo podría empezar a menguar. Al hacerles más preguntas tanto al muchacho como al niño, para tener un cuadro más completo de la situación, su enojo hacia el muchacho desaparecería o al menos disminuiría. Con la información adicional, es posible que decida que ya no es necesario emprender ninguna acción hacia el muchacho, y más bien termine dándole una lección al niño para que no vuelva a tomar bicicletas sin permiso del dueño. Esta es una acción bastante diferente a la que hubiera tomado si hubiera dado por sentado que su enojo original era definido (por supuesto, si hubiera escuchado versiones contradictorias de los hechos, sería difícil emprender cualquier tipo de acción. Podría suponer que alguno de los dos chicos está mintiendo, y la solución sería ir a la casa de uno de ellos para hablar con sus padres).

Hay dos preguntas importantes para poder determinar la validez del enojo. La primera es: ¿Cuál fue la falta cometida? Y la segunda es: ¿Estoy seguro de conocer todos los hechos? La primera pregunta va directo al meollo del asunto. Si verdaderamente se ha cometido una falta, entonces su enojo es definido. Pero si su enojo ha surgido a causa de alguna expectativa irreal, entonces debe manejarse como enojo distorsionado. Gran parte de nuestro enojo nace y crece a partir de patrones internos, mentales y emocionales, que hemos desarrollado con los años. Por ejemplo, la persona que tiende a ser perfeccionista no solamente tiene altas expectativas de sí misma, sino también de las demás personas con quienes se relaciona. Cuando los demás no viven a la altura de sus expectativas es probable que se enoje. Pero muchas veces este enojo es distorsionado porque la persona realmente no ha cometido una falta.

Sandra es muy perfeccionista. Si abre la puerta de su guardarropa, encontrará todas las prendas prolijamente guardadas por orden de color. Y todo su cuarto está igualmente organizado. Este patrón de orden y perfección se manifiesta en todos los aspectos de su vida. Ella está casada con Juan, que es sumamente creativo, pero el orden y la simetría ni siquiera forman parte de su vocabulario. Sandra se enoja muchas veces cuando observa la ropa sucia de Juan amontonada en la esquina del armario, cuando ve que busca un informe que terminó hace dos semanas pero que no sabe dónde lo dejó, y cuando entra a su automóvil que no limpia desde que lo trajo del concesionario.

CUANDO EMPEZAMOS A EXAMINAR EL ENOJO DE CERCA, ENCONTRAMOS QUE UNA GRAN PARTE CAE EN LA CATEGORÍA DE ENOJO DISTORSIONADO.

Pero Juan no ha cometido ninguna falta, simplemente está siendo la persona que ha aprendido a ser. Él no tiene una compulsión interna hacia el orden o la perfección como Sandra. No estoy sugiriendo que el enojo de Sandra no sea real. Tiene los mismos aspectos emocionales, físicos y cognitivos que el enojo definido. Ella está realmente indignada, cree en verdad que Juan está en un error por no ser prolijo. Pero si ella tiene una actitud abierta frente a los hechos, descubrirá que hay miles de personas que tienen los mismos rasgos de personalidad que tiene su esposo, y que estos rasgos no son intrínsecamente malos. De todas maneras, el enojo de Sandra necesita ser procesado de una manera positiva (veremos esto en el siguiente capítulo), pero será de ayuda que ella pueda ver su enojo como es en realidad. Su enojo no se genera a causa de una falta cometida por Juan, sino a partir de su propia compulsión hacia la pulcritud y el orden. Si ella puede ver su actitud como un enojo distorsionado tiene mayores posibilidades de procesarlo de una manera positiva.

Algunas veces examinar nuestro enojo nos llevará a interrogar a la persona con la cual estamos enojados. Si podemos entender que en muchas ocasiones no estamos al tanto de todos los hechos, estaremos motivados a establecerlos antes de saltar a conclusiones erradas.

Cuando empezamos a examinar el enojo de cerca, encontramos que una gran parte cae en la categoría de enojo distorsionado. El enojo distorsionado no causa menos problemas que el enojo definido, pero necesita ser procesado de una manera distinta. En el capítulo 5, estudiaremos cómo procesar nuestro enojo distorsionado.

La furia de los cubículos

Pocas personas con más trabajo, apiñadas en espacios cada vez más pequeños están pagando las consecuencias. "La furia de los cubículos" representa la agresión verbal entre compañeros de trabajo. Un informe de la CNN sobre una encuesta nacional cuenta que el 42% de los encuestados dijo haber sido agredido verbalmente en el ambiente laboral.

REPASO BREVE

EL ENOJO "BUENO" COMPARADO CON EL ENOJO "MALO"

"BUENO" (DEFINIDO)

Definición: Enojo hacia cualquier clase de falta genuina: maltrato, injusticia, transgresión de leyes.

Origen: Violación de leyes o códigos morales.

Cómo reconocerlo: Si puede responder afirmativamente a las preguntas: ¿se cometió una falta?, y ¿conozco todos los hechos?

Qué hacer: Confronte a la persona o decida pasar por alto la ofensa (véase capítulo 3, paso cuatro).

"MALO" (DISTORSIONADO)

Definición: Enojo por *percibir* una falta que en realidad no se cometió.

Origen: Personas que nos hieren, estrés, cansancio, expectativas poco realistas.

Cómo reconocerlo: Por los sentimientos de frustración o decepción que alimentan el enojo.

Qué hacer: Refrene el enojo y reúna información para procesarlo.

Por cada minuto de enojo se pierden
sesenta segundos de felicidad.

Ralph Waldo Emerson

CAPÍTULO 5

Cómo manejar el **enojo** "malo"

LILIANA ESTÁ FURIOSA. SU HIJA, Emilia, admitió haber obtenido bajas calificaciones en la universidad. Cuando hablaron por teléfono, Liliana tuvo que morderse los labios para no gritarle: "¡Pero tu padre y yo te hemos enviado a una maravillosa universidad cristiana! ¡A mí me encanta esa universidad! ¡Desearía poder tomar algunas de las clases que tú estás tomando! ¿Sabes cuánto estamos pagando?".

Para Liliana, el pobre rendimiento de Emilia era casi como una bofetada en el rostro. Pero su enojo era distorsionado; estaba basado en la *percepción* de una injusticia. En este caso, las expectativas de Liliana alimentaron su enojo con Emilia.

Muchos de nosotros hemos luchado con estas percepciones erradas que alimentan nuestro resentimiento. Dicho enojo distorsionado es provocado por factores tales como: evidencias circunstanciales, suposiciones erradas, generalizaciones, falsas expectativas y preferencias personales, incluso simple cansancio y, a veces, una combinación de estos factores. Cualquiera sea la causa, llegamos incorrectamente a la conclusión de que hemos sido ofendidos. Nuestro enojo no es válido o definido; sino equivocado o distorsionado.

Hemos hecho énfasis en que el enojo distorsionado es una anomalía, y que constituye un resultado directo de la caída de Adán y

Eva, que surge de nuestra naturaleza egoísta e incluso orgullosa. Pero esto no nos libera de nuestros sentimientos en el momento de experimentar el enojo. Entonces, ¿cómo podemos tratar ese tipo de enojo y canalizarlo hacia el bien?

"NECESITO TU AYUDA": PROPORCIONAR INFORMACIÓN

Empezamos por decirle a la otra persona cuál es el punto exacto de nuestro interés y preocupación. Esto siempre debe hacerse sin emitir juicios. Por eso llamo a este elemento: "Proporcionar información". No estamos dando un veredicto: "Me defraudaste", "me decepcionaste", "no hiciste lo que habías prometido". Todas estas son afirmaciones condenatorias y críticas que tienden a provocar un enfrentamiento. En contraste: "Me siento frustrado (desilusionado, herido, enojado o cualquier otra emoción) y necesito tu ayuda" es una frase informativa, que le dice a la otra persona lo que está sucediendo en su interior y que está pidiendo una oportunidad para hablar del asunto.

Proporcionar información en vez de emitir juicios constituye el primer paso para procesar el enojo distorsionado. Al proporcionar información, usted se está enfocando en hacer que la otra persona sea consciente de sus emociones, sus pensamientos y sus inquietudes. Se está manteniendo enfocado en el suceso que provocó sus sentimientos, no en la persona. Usted tiene mayores posibilidades de hacer esto si primero ha determinado que la persona no ha cometido ninguna falta contra usted. Tal vez, le ha complicado un poco la vida, es posible que le haya ocasionado cierta frustración, pero no ha cometido un acto inmoral.

"¿QUÉ SUCEDIÓ?": REUNIR INFORMACIÓN

Ya habíamos notado antes que en algunas ocasiones tendremos que admitir que no conocemos todos los hechos. Por lo tanto, a nosotros mismos nos resulta difícil determinar si nuestro enojo es definido o no. Adriana y Daniel acaban de comer rápidamente, y ella sale de la casa cuanto antes para no perder su clase de aeróbicos. Tres horas después, ella regresa a casa y encuentra a Daniel sentado en el sofá viendo televisión, los platos sucios todavía están sobre la mesa tal como los había dejado. A Adriana le da un "ataque de ira". Los pensamientos se agitan acaloradamente en su mente: *No lo puedo creer. Estuvo mirando televisión dos horas y media, y los platos todavía están en la mesa. Seguramente las hormigas ya se encargaron de limpiarlos. Me dan ganas de entrar y darle una patada al televisor.*

Adriana tiene varias opciones. Puede llegar a la conclusión de que su enojo es legítimo, que su esposo es un holgazán y un bueno para nada, y responderle con palabras ásperas; ella puede retraerse en silencio y no corresponder a sus esfuerzos de tener intimidad sexual más tarde en la noche; o puede tratar de manejar su enojo de una manera más responsable. Si ella entiende la diferencia entre enojo definido y enojo distorsionado, puede empezar por preguntarse: *¿Cuál es el agravio que él cometió?* Tendría que esforzarse mucho mentalmente para ver en la acción (u omisión) de su esposo algún tipo de pecado. Si tiene éxito, puede llegar a la conclusión de que el pecado de él consiste en no amarla. *Después de todo, ¿no se supone que los esposos deben amar a sus esposas como Cristo amó a la Iglesia? Bueno, ciertamente esta no es ninguna expresión de amor.*

Si ella es sabia, también se preguntará: *¿Conozco todos los hechos?* Si tiene bastante sabiduría para hacer la pregunta, probablemente será lo suficientemente sabia como para concluir que la respuesta es que no tiene todos los hechos de la situación. Por lo tanto, un paso importante consiste en obtener de Daniel la información respecto de lo que sucedió y la razón de ello.

Adriana entra a la sala, camina hasta el sofá, se sienta y le da a Daniel un buen abrazo.

—Tengo una pregunta para ti antes de darte un beso —le dice ella—. ¿Por qué los platos todavía están sucios sobre la mesa?

—Ay mi amor, lo siento —responde Daniel—. Me senté aquí a ver el noticiero. Tenía la intención de lavar los platos cuando se acabaran las noticias, pero entonces empezó el partido y después de eso escuché que se abría la puerta del garaje. No sé cuánto tiempo me quedé dormido, ni siquiera recuerdo haber visto el medio tiempo del partido. Debo haber dormido como unas dos horas. Voy a encargarme de los platos; lo siento. Seguramente estaba más cansado de lo que yo creía.

Daniel camina en dirección al comedor para empezar a arreglar la mesa.

—¿Cómo te fue el resto de la tarde? —pregunta Daniel.

Lo más probable es que el enojo de Adriana desaparezca al darse cuenta de que el hecho de que Daniel no haya arreglado la mesa no constituye un acto pecaminoso. Haberse quedado dos horas dormido en el sofá no es inmoral; es simplemente una manifestación de la fragilidad humana. Reunir información le permitió a Adriana soltar su enojo y quizás hasta alegrarse de que Daniel hubiera podido descansar un buen rato.

Cuando nos damos cuenta de que nuestra percepción de la situación es distorsionada, podemos dejar a un lado ese enojo distorsionado y trabajar en el proceso de aceptar a nuestro cónyuge como un ser humano.

"ESTO REALMENTE ME MOLESTA": CONCERTAR UN ENTENDIMIENTO

Algunas veces, incluso cuando nuestro enojo es distorsionado, no podemos simplemente soltarlo y aceptar lo hecho por la otra persona. Con frecuencia necesitamos concertar un entendimiento mutuo, ya que aun cuando la otra parte no haya hecho nada moralmente agraviante, su comportamiento no deja de causarnos dolor, y no dejamos de sentirnos decepcionados, frustrados, heridos o indignados. Necesitamos entender las acciones de la otra persona, y que ella entienda nuestros sentimientos.

Esto requiere de una conversación abierta en una atmósfera libre de juicios. Entender que la otra persona no nos ha agraviado moralmente debería ayudarnos a acercarnos a ella de una manera no condenatoria.

Rita y Rubén están cerca de los cuarenta. Ambos tienen vocaciones que encuentran satisfactorias. Sin embargo, Rita ha experimentado mucho enojo hacia Rubén durante los últimos seis meses. De un momento a otro, él ha comenzado a ocuparse de su salud y su cuerpo. Tres noches por semana después de la cena, se va al gimnasio local a hacer ejercicio, dejándola sola con los platos y los niños. Más tarde llega a la casa, y quiere ver televisión y "hacer el amor" con ella. Rita se da cuenta de que su enojo se está convirtiendo en resentimiento. No le gusta lo que siente y, ciertamente, no le gusta lo que le está sucediendo a Rubén. A ella le parece que él descuida sus responsabilidades de ayudar a los niños con sus tareas esas tres noches. Le parece que es desconsiderado y desatento con ella, porque espera tener relaciones sexuales, pero no muestra ningún interés en suplir sus necesidades. El enojo de Rita crece a diario, y siente como si estuviera a punto de explotar. Rubén parece estar contento, pero ella se siente extremadamente infeliz.

Cuando Rita me expresó su enojo en la oficina de consejería, empezamos por tratar de identificar las cosas específicas de la conducta de Rubén que estimulaban su enojo. Esta fue la lista que obtuvimos.

- *No es justo que Rubén me deje sola con las tareas de la casa mientras sale a divertirse.*
- *Está descuidando a los niños porque las noches que sale no los puede ayudar con sus tareas.*
- *Está centrado en sí mismo porque no expresa casi ningún interés en satisfacer mis necesidades. De hecho, no estoy segura de que entienda cuáles son mis necesidades.*

Cuando investigamos cuáles eran sus necesidades, descubrimos que su lenguaje principal de amor —la forma en que se sentía realmente amada por su esposo— era la calidad de tiempo juntos. Lo que ella realmente quería de Rubén era que pasaran tiempo juntos. "Acostumbrábamos hablar bastante —dijo ella—. Me sentía muy cerca de él, como si yo le importara. Ahora que él se ausenta tres noches a la semana, no nos queda tiempo para hablar. Estoy empezando a creer que él ya no quiere estar conmigo".

Luego centramos nuestra atención en determinar si su enojo era distorsionado en alguno de estos tres aspectos. Mientras hablábamos de que Rubén la dejaba con los platos sucios tres noches a la semana, le pregunté:

—¿Qué falta específica está cometiendo?

—Simplemente siento que es injusto que él salga y me deje sola con las tareas de la casa. Ambos trabajamos fuera de la casa. Yo trabajo tanto como él —dijo Rita.

—¿Te ayuda él en la casa de otras maneras? —pregunté.

—Sí, en realidad él hace varias cosas en la casa. Se encarga de cortar el césped del jardín y de todo el trabajo exterior. También pasa la aspiradora al piso. Y siempre me da una mano con cualquier cosa que yo le pida.

Después pasamos al asunto de las tareas escolares.

—Las otras dos noches que Rubén no va al gimnasio, ¿ayuda a los niños con sus tareas?

—Sí —dijo ella—. Siempre lo ha hecho. En realidad, acostumbraba ayudarles todas las noches. Todavía les ayuda un poquito cuando llega a casa del gimnasio si han tenido dificultades con algo. Pero no es lo mismo a lo que estábamos acostumbrados.

—¿Cómo era tu vida antes de que Rubén empezara a ir al gimnasio tres noches a la semana?

—Comíamos juntos a no ser que los niños tuvieran una actividad escolar y, en ese caso, compartíamos algún bocado. Él siempre me ayudaba con los platos. Luego él y yo nos sentábamos y hablábamos unos treinta minutos antes que él ayudara a los niños con sus tareas, y yo trabajara en otras cosas de la casa. Era fabuloso. Lo sentía muy cerca de mí. Sentía que éramos una familia. Ahora sigo sintiendo que somos una familia, pero él nos abandona tres noches por semana.

Cuando le pregunté si su esposo ya estaba enterado de lo que ella sentía por sus noches en el gimnasio, ella dijo que no, y después añadió: "Siento que él me ignora y que nos estamos alejando uno del otro... él no se da cuenta de lo que está sucediendo".

MI RECOMENDACIÓN ES QUE SE SIENTE Y EXPRESE SIN AMENAZAS SU NECESIDAD DE COMPRENSIÓN POR PARTE DE LA OTRA PERSONA.

Con otras preguntas que le hice, Rita explicó que Rubén había empezado a ir al gimnasio después de ver un vídeo en su trabajo sobre el buen estado físico y de que un compañero del trabajo lo invitara a que hicieran ejercicio juntos. Ella admitió: "Me alegra que esté cuidando de sí mismo. Estoy segura de que se siente mejor. Probablemente yo misma debería estar haciendo ejercicio, pero no me queda tiempo. No creo que él tampoco tenga tiempo, pero de todas maneras se está haciendo tiempo. Y según mi opinión, lo está haciendo a costa de nosotros".

A mí me pareció que el comportamiento de Rubén no correspondía a la categoría de inmoral. Lo que él estaba haciendo no era intrínsecamente erróneo. Sin embargo, Rita estaba dejando que su enojo llegara demasiado lejos. Necesitaba llegar a un acuerdo de mutuo entendimiento. Era necesario que ella le dijera a su esposo lo que estaba ocurriendo en su interior (sus pensamientos, sus sentimientos, sus frustraciones), no de una manera condenatoria sino informativamente. Ella necesitaba que él le dijera qué pensaba al respecto. Lo que ella necesitaba era obtener información. Pero más allá de eso, esta pareja necesitaba llegar a un lugar de mutuo entendimiento, encontrar la manera de suplir todas sus necesidades y volver a relacionarse emocionalmente.

Le sugerí a Rita que le pidiera a Rubén un tiempo para hablar, en el cual ella pudiera decir algo como lo siguiente: "Sé que me amas y que eres un buen esposo. Lo que quiero hablar contigo no tiene la intención de reprobarte en ningún sentido. Pero quiero que nuestra relación sea franca y genuina, y me parece que debo contarte algunas de las luchas que estoy atravesando. Durante los últimos meses, a veces me he sentido herida, desilusionada e ignorada. En gran parte, esto gira alrededor del hecho de que estás yendo al gimnasio tres noches por semana.

"Por favor, entiende que no estoy en contra de tus esfuerzos por mantenerte en forma. Ni siquiera te estoy pidiendo que cambies eso. Solamente quiero que conozcas mis luchas. Mis sentimientos están enfocados en tres aspectos específicos. Primero, siento que los niños están siendo desatendidos desde el punto de vista de la ayuda que tú les prestas con sus tareas. Sé que todavía los ayudas de noche, pero me preocupa que no estén recibiendo toda la ayuda que necesitan. En segundo lugar, me parece injusto que cuando sales esas tres noches, te levantes de la mesa y me dejes todo el trabajo de la casa. Probablemente mi lucha mayor sea que me siento ignorada porque ya no pasamos tiempo hablando como acostumbrábamos. Algunas veces hasta siento como si ya no quisieras hablar conmigo y percibo mucha distancia entre nosotros. Me parecía injusto no contarte todo esto, porque necesito tu ayuda y tu comprensión".

AUN EL ENOJO DISTORSIONADO CONSTITUYE UN INDICATIVO DE QUE ALGO NECESITA RECIBIR ATENCIÓN.

Mis esfuerzos consistían en ayudar a Rita a contar sus luchas de una manera no condenatoria, para poder llegar a un entendimiento. Esa es mi recomendación para cualquier persona que, habiendo reconocido que su enojo es distorsionado y tras obtener la información, necesita llegar a un entendimiento. Siéntese y exprese sin amenazas su necesidad de comprensión por parte de la otra persona.

Luego animé a Rita a escuchar atentamente la respuesta de Rubén sin tratar de contradecir lo que él dijera, sino más bien de entenderlo. Entonces, los dos podrían dedicarse a descubrir la manera de satisfacer la necesidad que ella tenía de pasar tiempo juntos, la necesidad que él tenía de ejercicio físico, la necesidad que los niños tenían de recibir más ayuda en sus tareas, y la necesidad que ella tenía de un sentimiento de igualdad en las responsabilidades del hogar.

Un mes más tarde Rita regresó, y me alegró mucho escuchar que Rubén había respondido de manera positiva. En la conversación que tuvieron, él le afirmó su amor; estuvo de acuerdo en que juntos le preguntarían a los niños si les parecía que estaban recibiendo ayuda suficiente con sus tareas escolares y, si no era así, él estaba dispuesto a hacer los ajustes necesarios. Estuvo muy dispuesto a ayudarle con el arreglo de la mesa antes de salir para el gimnasio. Él no se había dado cuenta de que esto era un problema para ella, y se pusieron de acuerdo en hacerse tiempo para estar juntos. De hecho, en las últimas semanas, han almorzado juntos dos días a la semana, y él ha hecho arreglos para que puedan pasar un fin de semana los dos solos. Si fuera necesario, él estaba dispuesto a reducir su tiempo en el gimnasio, pero Rita no quiso imponerle esto al ver la respuesta positiva a sus inquietudes.

Concertar un entendimiento mutuo es una parte importante de las relaciones humanas, trátese de las relaciones en la familia, la iglesia, el trabajo o cualquier otro ámbito. Todos nos sentimos mejor con respecto a nuestras relaciones cuando nos ponemos de acuerdo en la comprensión mutua. Aun el enojo distorsionado constituye un indicativo de que algo necesita recibir atención. Tal enojo, muy rara vez se disipa, sin que haya una comunicación franca entre las partes.

SOLICITAR UN CAMBIO

En todas las relaciones humanas, las personas encuentran irritantes ciertas características de la conducta. Aunque las conductas en particular puedan ser diferentes, las irritaciones que resultan muchas veces instigan fácilmente el enojo dentro de nosotros. Casi siempre este enojo es distorsionado, porque la conducta de la otra persona no es moralmente ofensiva; esa persona no ha perpetrado algo malo contra nosotros. Si la relación es cercana y la persona en cuestión es alguien con la cual pasamos mucho tiempo, como un familiar o compañero de trabajo, algunas veces puede ser de ayuda solicitar un cambio para poder mitigar estas irritaciones. Por favor, nótese que digo *solicitar*, no demandar ni manipular. Ninguno de nosotros responde bien a tales iniciativas.

No obstante, si tenemos una relación positiva en términos generales, la mayoría de nosotros tiende a responder bien a estas peticiones. Por ejemplo, he aquí una irritación que le produce enojo en el lugar de trabajo: su colega del cubículo contiguo tiene la manía de tomar café haciendo ruido al beberlo, mientras usted está hablando con un cliente en su cubículo. Se pueden escuchar los sorbos a través de la puerta, y eso le parece muy ofensivo. Tras afirmarle su valor como colega, es perfectamente apropiado que le solicite no tomar café mientras usted está con un cliente o que aprenda a beberlo en silencio. Lo más probable es que una simple petición como esta logre aliviar el origen de su frustración y enfado, especialmente si le aclara que también está abierto a cualquier solicitud por parte de él.

El mismo principio se aplica en el matrimonio y las relaciones familiares. Suponiendo que ya existe una relación bastante buena, la mayoría de los esposos responderán positivamente a una solicitud de sus esposas; por ejemplo, que se afeite cuando vayan de compras al supermercado el sábado, especialmente si ella se lo pide después de haber afirmado su amor por él, de haberle dicho cuán apuesto se ve de cualquier forma, y de asegurarle que su motivo es hacer que él se vea todavía mejor. La mayoría de las esposas responderán positivamente a la solicitud de poner sus cosméticos en el cajón del tocador en vez de dejarlos todos sueltos sobre el mostrador, si el esposo se lo pide después de señalarle algunos de sus rasgos positivos y de haberle expresado su aprecio por todas las cosas que ella hace.

La idea es que, en la mayoría de las relaciones, suponiendo que nos sentimos amados y respetados por la otra persona, casi todos nosotros estamos dispuestos a hacer ciertos cambios si se nos plantea como una petición y no como una exigencia o condición para otras cosas. Tales peticiones y los cambios subsecuentes pueden aliviar muchas de las conductas irritantes que alimentan el enojo.

En mi opinión, procesar el enojo distorsionado es mucho más fácil que procesar el enojo definido. Nuestro objetivo es encontrar métodos constructivos, en vez de destructivos, para procesar ambos tipos de enojo.

SI EL MUNDO GIRA ALREDEDOR DE TI…

"Cuando piensas que todo el mundo gira alrededor de ti, todo asume mucha más importancia. A nadie en la China le importa si alguien ocupó el lugar de estacionamiento que estabas por usar".

—DR. PHIL MCGRAW

REPASO BREVE

Cómo manejar el enojo "malo"

1. **Proporcione información**. Cuéntele a la otra persona su inquietud y pídale hablar al respecto. Asegúrese de enfocarse en la situación que provocó sus sentimientos y no en la otra persona.

2. **Reúna información**. ¿Cuáles son los hechos?

3. **Concierte un entendimiento**. Exprésele sus luchas a la otra persona; después escuche su respuesta. Sea sincero.

4. **Solicite un cambio**. Mientras no exija ni manipule para obtener un cambio, este puede tener un resultado positivo.

El enojo reprimido puede contaminar una relación tanto o más que las palabras más crueles.

Dra. Joyce Brothers

CAPÍTULO 6

Implosiones y explosiones

La llama se disparó hacia arriba, alimentada por el gas que salía por una ruptura en el gasoducto de la ciudad. El conducto estalló cuando un contratista privado rajó un tubo de gas mientras limpiaba un terreno. Al principio, el gas presurizado escapaba con un sonoro chiflido. Pero treinta minutos después, una chispa fortuita encendió el gas natural, y las llamas llegaron hasta el cielo.

En pocos minutos, el fuego devorador tenía unos cinco pisos de altura y había llegado a pocos metros de una residencia pública de Chicago donde vivían personas de la tercera edad. Afortunadamente, la policía y otras personas evacuaron a los residentes del edificio. Pero cuando la compañía de gas pudo finalmente detener el combustible que alimentaba la línea, cientos de personas habían sido desplazadas, y sus viviendas quedaron destruidas por completo o calcinadas.

Dos meses más tarde, ocurrió otra explosión que desplazó a residentes de Chicago en los Estados Unidos. Esta vez, sin embargo, la explosión había sido planeada. Una serie de cargas de dinamita instaladas por una compañía de demoliciones explotaron sucesivamente una tras otra, y cayeron al suelo cuatro edificios adyacentes a otro proyecto de vivienda pública levantando grandes nubes de polvo.

Pero esta "explosión" en realidad fue una *im*plosión, en la que los materiales del edificio fueron cayendo hacia el interior; su destrucción se había planeado durante meses como parte de un proyecto en curso de reemplazar los edificios de bajo nivel infestados de delincuentes por viviendas nuevas de pocos pisos. De hecho, antiguos residentes y otros espectadores observaron el suceso desde una distancia segura con el aplauso de todos.

¿Cuál cree que fue el suceso más destructivo? ¿La explosión del tubo de gas que carbonizó el costado de un edificio y dejó algunas personas sin hogar? Muchos dirían que sí. Pero la verdad es que tanto la explosión de gas como la implosión de dinamita tuvieron consecuencias igualmente destructivas. De hecho, la implosión de los edificios destruyó más edificación, y dejó a muchos de los residentes con un sentimiento de pérdida por tener que salir de los apartamentos que por muchos años habían llamado hogar. De la misma manera, el enojo implosivo puede ser más destructivo que las expresiones de enojo explosivo.

En los últimos tres capítulos, hemos visto formas constructivas de responder al enojo; pero seamos sinceros, muchos de nosotros nunca hemos aprendido a manejar positivamente el enojo. Nuestras respuestas al enojo en el pasado siempre han empeorado las cosas. Nos parece difícil aun creer que el enojo no sea pecaminoso en sí mismo. También observamos a diario, en la pantalla de la televisión, las conductas violentas motivadas por el enojo en niños, adolescentes y adultos, y el crimen, la guerra y el sufrimiento que el enojo deja en su paso destructor. ¿Cómo podemos reconocer —y controlar— las expresiones destructivas del enojo?

ABUSO EXPLOSIVO

Margarita era conocida por sus gritos. Cuando alguien provocaba su enojo, bien fuera uno de sus hijos, su esposo o su jefe, ¡esa persona tenía que oírlos! Margarita se sentía orgullosa de "expresar sus sentimientos". "Por lo menos las personas saben a qué atenerse conmigo" —decía con frecuencia. El hecho real es que Margarita era una mujer que perdía el control. Desde que era adolescente, había desarrollado un patrón de maltrato verbal que había continuado durante veinticinco años.

Margarita estuvo justificando sus arranques de ira hasta el día en que su hija de diez años le dejó la siguiente nota: "Querida mamá, hoy no voy a quedarme en casa. Ya no puedo aguantar tus gritos. No sé qué me va a pasar, pero por lo menos no voy a tener que escuchar todas las cosas feas que me dices cuando no hago todo lo que tú quieres". Y firmó la nota: "Sofía".

Margarita no gritó cuando leyó la nota de su hija. Llamó a su pastor en un mar de lágrimas. Primero, solamente dijo: "Sofía se fue y no sé dónde está. Estoy muy preocupada por ella". Luego dijo lo más esperanzador que había dicho en años: "Yo la alejé, yo sé que hice que se alejara. Mi gritería y mis alaridos la alejaron de mí". Mientras sollozaba en el teléfono, admitió, por primera vez, que había cometido un gran error con sus rabietas verbales de enojo hacia Sofía. El pastor dirigió sabiamente a Margarita a un consejero cristiano, y ella empezó el proceso de admitir, entender y cambiar sus reacciones negativas al enojo.

Sofía fue localizada antes que pasaran cuarenta y ocho horas, y después acompañó a su madre a las sesiones de consejería. Hoy día, Sofía es una mujer adulta y tiene una buena relación con su madre. Margarita dice que el día que recibió esa nota de Sofía fue el peor y el mejor día de su vida.

Por otra parte, el abuso de Ricardo tendía a no ser verbal. Siempre que se enojaba con alguien, arrojaba objetos, rompía cosas y hacía gestos groseros al tráfico. Ricardo había llegado tan lejos que hasta arrojaba botellas de vidrio cuando mantenía discusiones familiares.

Marta había notado algunas de estas características en Ricardo antes de casarse con él, pero él nunca había descargado su enojo contra ella. Sin embargo, antes de llegar a los seis meses de casados, él la empujó contra la pared. Ella supo que ese comportamiento era algo que no podía condonar, así que le escribió la siguiente carta y la envió por correo a su oficina. "Amado Ricardo. Anoche hiciste algo que nunca pensé que harías. Estabas iracundo y me empujaste contra la pared. Ya te había visto expresar tu enojo cuando éramos novios, pero nunca creí que lo fueras a expresar contra mí. Ahora sé que estaba equivocada. Te quiero mucho y no creo que en realidad quieras lastimarme. Pero no puedo correr ese riesgo. Te estoy escribiendo porque quiero que sepas que si me vuelves a tocar cuando estés enojado, te voy a dejar y no voy a regresar hasta que un consejero me asegure que sea seguro para mí vivir contigo. Te amo. Marta".

> **"TE AMO DEMASIADO PARA QUEDARME Y PERMITIR QUE ME LASTIMES, Y ASÍ DESTRUYAS TU AUTOESTIMA".**

Esa misma noche, después de haber leído la carta, Ricardo le pidió disculpas a su esposa y le aseguró que nunca sucedería de nuevo. Pero seis meses más tarde, en un arranque de ira, la tomó por los hombros y la sacudió. Marta no dijo nada, pero al día siguiente cuando regresó del trabajo, Ricardo encontró la siguiente nota: "Te amo demasiado para quedarme y permitir que me lastimes, y así destruyas tu autoestima. Sé que no puedes sentirte feliz por lo que sucedió anoche. No voy a regresar hasta que tu consejero me asegure que ya has aprendido a manejar tu enojo de una manera más responsable. Con amor, Marta".

La respuesta decisiva de Marta fue lo que motivó a Ricardo a llamar primero a su pastor y después a un consejero. Él sabía que estaba corriendo el peligro de perder a su esposa. También sabía que necesitaba aprender a controlar su enojo. Después de tres meses de consejería individual y tres meses de consejería matrimonial, Marta y Ricardo volvieron a vivir juntos. Hoy día, siguen juntos. Ricardo logró, con ayuda, quebrar el patrón del abuso.

CÓMO AYUDAR A UNA PERSONA EXPLOSIVA

Tanto Margarita como Ricardo han desarrollado patrones de maltrato en la expresión de su enojo. Tales patrones se forman con el paso de los años y típicamente no cambian a no ser que alguna persona importante para el individuo ejerza presión sobre él para que busque ayuda. Muchas veces lo que motiva al abusador a conseguir ayuda es la amenaza de perder una relación significativa. En la actualidad, existe mucha ayuda disponible para que los patrones destructivos de maltrato se puedan cambiar. Dichos patrones no se alejan simplemente con el tiempo. Los familiares y amigos de una persona explosiva deben aprender a hacerlo responsable de sus respuestas destructivas al enojo.

El comportamiento de enojo explosivo nunca es constructivo. No solamente lastima a la persona hacia quien se dirige, también destruye la autoestima de aquel que está fuera de control. Nadie puede sentirse bien consigo mismo cuando piensa en lo que ha hecho. En medio de la ofuscación de tales explosiones de enojo, las personas dicen y hacen cosas de las cuales después sienten remordimiento. El enojo indisciplinado que se expresa en explosiones verbales y físicas termina destruyendo relaciones. La persona que sufre tales explosiones de enojo pierde el respeto por la persona que está fuera de control, y tarde o temprano perderá cualquier deseo de estar en su presencia.

Algunos años atrás era popular creer, en ciertos círculos de psicología, que expresar libremente la ira mediante conductas agresivas podía ser una manera positiva de procesar el enojo si la agresión no estaba dirigida a la misma persona. En consecuencia, se alentaba a las personas enojadas a que golpearan almohadas, sacos de boxeo y muñecas, o que descargaran toda su agresión sobre una pelota de golf. Sin embargo, en la actualidad, casi todas las investigaciones indican que el descargo de sentimientos de ira por medio de tales conductas agresivas no logra evacuar el enojo de la persona, sino que por el contrario hace que la persona tenga mayor susceptibilidad a explotar emocionalmente en el futuro.[1] La explosión, sea verbal o física, no es una forma aceptable de manejar el enojo personal.

CÓMO RECONOCER LAS IMPLOSIONES DE ENOJO

Cuando se destruye cualquier edificio con una implosión, el equipo de demolición ubica las cargas destructivas dentro de este en vez de hacerlo por fuera, lo cual hace que todos los escombros y los vidrios se desplomen hacia dentro. Esta es una imagen gráfica de lo que le sucede a la persona que elige mantener el enojo en su interior. Su vida literalmente se desploma hacia dentro cuando estallan las cargas del enojo interiorizado. Mientras que el enojo explosivo se observa fácilmente por gritos, maldiciones, condenaciones, críticas y otras palabras o actos furiosos de la persona, el enojo implosivo no es reconocido inmediatamente por los demás, ya que por naturaleza se lleva dentro.

Algunos cristianos que desaprueban las expresiones explosivas de enojo ni siquiera se imaginan que el enojo implosivo sea igualmente destructivo a largo plazo. Mientras que el enojo explosivo empieza con enojo y se puede desencadenar en violencia, el enojo implosivo empieza en silencio y retraimiento, pero con el tiempo, se convierte en resentimiento, amargura y finalmente odio. El enojo implosivo se caracteriza típicamente por tres elementos: *negación*, *retraimiento* y *cavilación con resentimiento*. Miremos cada uno de estos elementos.

Aquellos que manejan su enojo de manera "implosiva" a menudo empiezan por negar totalmente que estén enojados. Esta respuesta al enojo es especialmente tentadora para aquellos cristianos que han aprendido que el enojo en sí mismo es pecaminoso. De este modo, muchas veces escuchamos a individuos decir algunas de las siguientes frases:

- *"No estoy enojado, sino muy frustrado".*
- *"No estoy enojado, simplemente un poco disgustado".*
- *"No estoy enojado, más bien decepcionado".*
- *"No estoy enojado, lo que pasa es que no me gusta que las personas me ofendan".*

Sin embargo, en casi todos estos casos, la condición de la persona es la misma: está experimentando enojo.

Verónica ilustra claramente este punto. Sentada en mi oficina una mañana de octubre, me dijo: "Doctor Chapman, yo sé que se supone que los cristianos no se enojan y no creo que yo esté enojada, pero es que estoy tan contrariada por lo que ha sucedido que no sé qué hacer. Mi hermano convenció a mis padres de que vendieran la casa y le dieran el dinero para empezar un negocio. Él los trasladó a un pequeño apartamento, les prometió pagar la renta mensual por el resto de sus vidas y dijo que, si llegaban a tener la necesidad de ir a un centro para la tercera edad, para entonces, él tendría dinero suficiente y podría pagarlo. Hizo todas estas cosas sin discutir el asunto conmigo. Conozco a mi hermano. Sus ideas de negocios siempre son disparatadas. Estoy segura de que en dos años va a perder todo el dinero, y mis padres van a tener que vivir de la ayuda del gobierno.

EL *RETRAIMIENTO* CONSTITUYE LA ESTRATEGIA CENTRAL DE LA PERSONA CON ENOJO IMPLOSIVO

"Cuando me enteré de lo sucedido, lo llamé, y él me relató todo el proceso sin rodeos. Dijo que sabía que no me molestaría porque antes ya habíamos hablado que nuestros padres necesitaban trasladarse a un lugar más pequeño. Le dije que entendía y estaba segura de que todo saldría bien. Pero cuanto más lo pienso, más contrariada me siento".

Es obvio que Verónica está experimentando un intenso enojo. Como ella cree que los cristianos no pueden enojarse, se niega a llamarlo por su nombre, así que utiliza la palabra *contrariada*. Pero su negación real se dio en la conversación que tuvo con su hermano. Ella le transmitió que sus acciones eran aceptables, cuando en realidad le parecían inadmisibles. Él no sabe que ella está enojada, pero la verdad es que está ardiendo de ira por dentro. Si ella no cambia su manera de abordar la situación, las bombas implosivas quedarán profundamente arraigadas en su interior y, en el debido momento, su vida llegará a un colapso (veremos algunos de los posibles resultados del enojo implosivo en la siguiente sección).

El acto de negar el enojo no lo elimina. El enojo interiorizado, bien sea admitido o no, tendrá efectos destructivos sobre el cuerpo y la psiquis del individuo enojado. El enojo seguirá creciendo hasta que la negación se vuelva insostenible.

Pero aun más que la negación, el *retraimiento* constituye la estrategia central de la persona con enojo implosivo. Aunque admitan sentir enojo ante sí mismos y los demás, se apartan de la persona o situación que les provocó el enojo. La idea aquí no es la negación, sino el distanciamiento. *Si puedo mantenerme alejado de esa persona o por lo menos no hablarle cuando está cerca de mí, quizás mi enojo disminuya con el tiempo* —se asegura a sí mismo el individuo enojado. Si la persona que ha cometido la falta percibe el distanciamiento y el silencio, y pregunta: "¿Algo anda mal?", la persona retraída responderá: "No, ¿qué te hace pensar que algo ande mal?". Si la persona sigue el asunto y pregunta: "Bueno, has estado más callado de lo normal. No me has preguntado cómo me ha ido durante el día, ni tampoco me has contado nada sobre el tuyo", la persona que se retrae podría responder: "Es que estoy cansado. Tuve un día muy difícil", y luego sale de la habitación.

DE QUÉ MANERA DESTRUYE LA IMPLOSIÓN

El "comportamiento silencioso", retraído y evasivo podría durar un día o muchos años. Y cuanto más tiempo continúe, habrá más probabilidades de que se convierta en resentimiento y amargura.

Con frecuencia, este enojo interiorizado hallará su expresión en lo que los psicólogos llaman *comportamiento pasivo-agresivo.* La persona es pasiva exteriormente, pues trata de dar la apariencia de que nada le está molestando, pero tarde o temprano ese enojo se expresa de otras maneras, como por ejemplo, al no cumplir algún requerimiento de la otra persona.

Aníbal, por ejemplo, estaba expresando una conducta pasivo-agresiva hacia su esposa Raquel. Él estaba enojado con ella porque no expresaba ningún interés en su vida íntima sexual. Si bien Aníbal se negaba a discutir abiertamente el problema con su esposa, cuando ella le pedía que la ayudara a bañar a los niños, él simplemente continuaba revisando sus correos electrónicos sin siquiera darse por aludido. Cuando ella le pedía que, por favor, el sábado limpiara algunas ventanas, él improvisaba una salida con su hijo. La mayoría del tiempo, Aníbal ni siquiera era plenamente consciente de todo lo que estaba haciendo para mantener su enojo bajo control, pero seguía desquitándose con ella.

¿Y qué hay de Raquel? Su falta de interés en la intimidad sexual con su esposo también podía ser un caso de respuesta pasivo-agresiva. Tal vez, ella había estado acumulando sus propios sentimientos de enojo hacia Aníbal porque él no le había dedicado suficiente tiempo. Raquel no quiso discutir el asunto que provocaba su enojo, sino que escondió sus sentimientos bajo tierra, y el enojo comenzó a manifestarse en su comportamiento.

De esta manera, el patrón pasivo-agresivo da lugar a un círculo vicioso. A menos que este ciclo destructivo se rompa, es solo cuestión de tiempo para que el matrimonio sufra una implosión.

La persona que trata con un enojo interno podría también *redirigir* ese enojo. El individuo deja de proyectar sus sentimientos de enojo hacia la persona o situación que provocó el enojo y los dirige hacia otra persona u objeto. Todos estamos familiarizados con la imagen del hombre que está enojado con su jefe, pero tiene miedo de confrontarlo, y decide llegar a la casa, patear el gato, insultar a los niños y abusar verbal o físicamente de su esposa. Este enojo descentrado genera más enojo en las personas que han sido abusadas y no contribuye en nada a resolver la situación que provocó originalmente el enojo. Las personas que tienen la desgracia de recibir tal enojo descentrado quedan en total confusión y pueden no ser conscientes de la relación que existe entre el maltrato del jefe y lo que el esposo les está haciendo a los miembros de la familia. Tales expresiones de enojo desviado no contribuyen al procesamiento del enojo original, que todavía está sepultado dentro de la persona y a la espera de ser procesado de una manera más positiva.

Esta supresión del enojo que se mantiene guardado en el interior de la persona conducirá finalmente a un gran estrés fisiológico y psicológico. Existe un creciente volumen de investigaciones que muestran una correlación positiva entre el enojo reprimido y la hipertensión, la colitis, la migraña y las enfermedades del corazón.[2] Sin embargo, los resultados más pronunciados de suprimir el enojo se encuentran en su efecto sobre la salud psicológica y emocional de la persona. El enojo interiorizado lleva tarde o temprano al resentimiento, la amargura y muchas veces al odio. Todas estas cosas son condenadas explícitamente en las Sagradas Escrituras y se consideran como respuestas pecaminosas al enojo.

PARA LAS PERSONAS QUE INTERIORIZAN SU ENOJO, Y QUE CADA VEZ SON MÁS, EL RESULTADO FINAL NO SERÁ UNA IMPLOSIÓN, SINO UNA EXPLOSIÓN... REALIZARÁN ALGÚN ACTO DE VIOLENCIA CONTRA AQUEL QUE LAS OFENDIÓ.

Una tercera característica del enojo implosivo es *cavilar con resentimiento* en los sucesos que provocaron el enojo. En la mente de la persona, todos los detalles de la escena inicial, cuando se cometió la falta, se repiten una y otra vez como en una cinta de grabación. Puede ver la expresión facial de la otra persona, escuchar sus palabras, sentir su espíritu y revivir los sucesos que provocaron las emociones de enojo. Y escucha una y otra vez las grabaciones psicológicas de su propio análisis de la situación.

¿Cómo pudo ser tan desagradecido? Miren la cantidad de años que le he dado a la empresa. Él solamente lleva cinco años ahí. No tiene ninguna idea de lo que sucede. Si él supiera cuán importante soy para la empresa, no me trataría de este modo. Me dan ganas de renunciar para que sufra. O también me dan ganas de quejarme ante la junta y hacer que lo despidan.

Una y otra vez se repiten las grabaciones como quien se revuelca en su propio enojo. La dificultad radica en que esas reproducciones se escuchan únicamente en la cabeza de la persona. El enojo nunca es procesado con aquel involucrado o con la ayuda de algún consejero o amigo. El enojo se está convirtiendo progresivamente en resentimiento y amargura. Si no se interrumpe ese proceso, la persona experimentará finalmente una implosión en la forma de una profunda crisis emocional, depresión y, en algunos casos, suicidio.

Sin embargo, para las personas que interiorizan su enojo, y que cada vez son más, el resultado final no será una implosión, sino una explosión. En su abatido estado emocional, realizarán algún acto de violencia contra aquel que las ofendió. Esto se ve una y otra vez en los noticieros nocturnos, como el caso del empleado que fue despedido del trabajo hace nueve meses, y que entra y dispara contra el supervisor que lo despidió. El niño que fue abusado por sus padres y a los quince años de edad los mata. El esposo calmado y dócil que arremete contra su esposa y destruye su vida. A los vecinos de estas personas siempre les parece increíble lo sucedido, por lo que a los reporteros les dicen: "Parecía un hombre muy correcto. No puedo creer que pudiera hacer algo así". Lo que el vecino no pudo observar fue el enojo interiorizado que fue alimentándose por las cavilaciones llenas de resentimiento de esa persona durante un largo período de tiempo.

EL ENOJO FUE DISEÑADO PARA SER UN VISITANTE, NUNCA UN RESIDENTE DEL CORAZÓN HUMANO.

Debería resultar evidente que el enojo implosivo sea tan destructivo como el enojo explosivo. Por eso, las Escrituras siempre condenan la interiorización del enojo. El apóstol Pablo exhortó: "Airaos, pero no pequéis; no se ponga el sol sobre vuestro enojo, ni deis lugar al diablo" (Ef. 4:26-27).

Pablo dio instrucciones claras acerca de procesar rápidamente el enojo y de no permitir que el día termine sin haberlo hecho. Supongo que si nos enojamos tras la puesta del sol, tendríamos tiempo hasta la medianoche, pero aquí el principio es que el enojo no se debe mantener escondido en el interior; de hecho, esto equivale a dar lugar al diablo. Es decir, haciendo eso cooperamos con Satanás y nos estamos predisponiendo a pecar todavía más. El apóstol nos reta a dar otro paso adelante y deshacernos del enojo (véase Ef. 4:31; Col. 3:8). Esto no nos está indicando que el enojo es un pecado en sí mismo, sino que el hecho de permitir que se albergue en nuestro interior es pecaminoso.

Salomón advirtió que "…el enojo reposa en el seno de los necios" (Ec. 7:9). La palabra clave es *reposa*, el necio permite que el enojo permanezca en su vida. Lo que esto implica es que quienes son sabios se encargan de quitar rápidamente el enojo de en medio. El enojo fue diseñado para ser un visitante, nunca un residente del corazón humano.

Todos experimentamos enojo por las razones señaladas en los capítulos anteriores. Pero mantenerlo en el interior por medio de la negación, el retraimiento y la cavilación con resentimiento no es la respuesta cristiana al enojo. De hecho, responder de esta manera constituye una violación a las enseñanzas explícitas de las Sagradas Escrituras. La amargura es el resultado del enojo acumulado, y la amargura siempre se condena como un pecado en las Escrituras (por ejemplo, véase Hch. 8:23; Ro. 3:14; He. 12:15).

CUIDADO CON EL ODIO

En el transcurso de mi labor de consejería a través de los años, he escuchado a adolescentes decir: "Odio a mi papá". Casi siempre una frase por ese estilo está relacionada con la percepción de una serie de faltas cometidas por el padre. El adolescente ha interiorizado el dolor y el enojo, y ha desarrollado resentimiento, amargura y ahora odio hacia el padre. También he escuchado a más de una esposa decir: "Odio a mi esposo", y he escuchado a esposos expresarse en los mismos términos sobre sus esposas. Sin excepción alguna, el odio no se desarrolla de la noche a la mañana. Es el resultado de un enojo interiorizado que permanece implantado en el corazón del individuo.

Tarde o temprano, las emociones de dolor del enojo interiorizado pueden endurecerse hasta convertirse en amargura y aun en odio. Casi siempre las personas que odian desean que les sucedan cosas malas a las personas con quienes están enojadas. Algunas veces terminan sufriendo ellas mismas ese mal (como hemos observado en los ejemplos anteriores). El enojo interiorizado hace erupción ante la mirada de todo el mundo.

Cuando alguien perpetra una maldad contra la persona que lo ofendió, ha usurpado una prerrogativa de Dios. Las Escrituras dicen: "Mía es la venganza, yo pagaré, dice el Señor" (Ro. 12:19). Cuando buscamos imponer juicio sobre quienes nos han ofendido, inevitablemente estamos empeorando las cosas.

COMO DESACTIVAR EL ENOJO IMPLOSIVO

¿Qué pasos positivos pueden tomarse para "desactivar" la bomba del enojo implosivo? En primer lugar, admitir que tenemos esa tendencia: "Es cierto, estoy acumulando enojo dentro de mí. Me resulta muy difícil hablar con los demás del enojo que siento. Sé que me estoy haciendo daño a mí mismo con esta actitud". Estas son las afirmaciones que contribuyen a la solución del problema.

En segundo lugar, revélele su problema a un amigo o familiar de confianza. El hecho de contarle a otra persona lo que siente y pedirle su consejo puede ayudarle a decidir si debería confrontar o no a la persona o personas que han causado su enojo. Quizá elija "pasar por alto la ofensa", pero al menos tendrá la seguridad de que ha sido una elección consciente, y así se librará positivamente de su enojo. Si la persona a quien le declara su enojo es incapaz de darle la ayuda que necesita, busque a un pastor o consejero que pueda hacerlo. No persista en ese patrón de respuesta destructiva al enojo.

Tal vez conozca a un amigo que parece estar albergando rencor en su interior. ¿Por qué no correr el riesgo de ofrecerle ayuda? Usted podría decir para comenzar: "Puede ser que esté en un error, pero la verdad es que me interesas y estoy preocupado por ti, y por esa razón te estoy haciendo esta pregunta. ¿Es posible que estés enojado con alguna persona y que lo estés guardando en tu interior? Si estoy equivocado, tan solo dímelo. Pero si es cierto, me gustaría ayudarte a procesarlo. Sé que no es bueno guardar el enojo dentro. ¿Te gustaría hablar de eso?".

Sí, es cierto que está corriendo un riesgo al hacer tales preguntas.

La persona podría decirle que no es algo de su incumbencia. Por otra parte, es posible que su amigo sea franco y que su indagación constituya el primer paso para que su problema pueda salir a la superficie. Si no puede ayudarle más, entonces indíquele a quién puede acudir para que le ayude. Un amigo verdadero no se sienta en silencio a observar la autodestrucción de su prójimo.

El reto claro de las Escrituras es que aprendamos a procesar el enojo de una manera positiva y amorosa en lugar de tener una desastrosa explosión o implosión. El enojo explosivo y el enojo implosivo son altamente destructivos no tan solo para el individuo que está tratando de manejar su enojo, sino para todas las personas involucradas, incluso la comunidad en general. Ninguna de esas respuestas al enojo puede ser aceptada como lo apropiado en la vida de un cristiano. Si reconoce alguno de estos dos patrones en su propia reacción al enojo, lo animo urgentemente a hablar con un pastor, un consejero o un amigo; hable con alguien acerca de su lucha con estos patrones destructivos. Usted no puede alcanzar su potencial para Dios y para bien en el mundo si continúa respondiendo a su enojo por vía de la explosión o implosión.

Esto nos lleva al próximo asunto relacionado con el manejo de nuestro enojo: ¿Qué hay de la persona que ha sido ofendida durante toda su vida y ha acumulado el enojo en su interior hasta convertirse en alguien enojado y resentido? En el siguiente capítulo, responderemos esa pregunta.

¿ES VERDAD QUE ENOJARSE DA ENERGÍA?

¿Es verdad que "enojarse" incrementa el rendimiento atlético? No. Un psicólogo que trabaja con atletas olímpicos afirma: "Las investigaciones indican que el enojo y la agresión, en realidad, están asociados con... un sentimiento de derrota. Contrario a lo que una vez se creyó, los estallidos de enojo no conducen a una catarsis, simplemente conducen a más enojo".

REPASO BREVE

¿ESTOY EN PELIGRO DE UNA "IMPLOSIÓN"?

Definición: El enojo "implosivo" es un enojo interiorizado que nunca se expresa.

Causa: Temor a la confrontación; creer que sentir o expresar enojo está mal.

Cómo reconocerlo: La persona niega que está enojada; responde mediante el retraimiento; dice cosas como: "Yo no estoy enojada, solo decepcionada".

Resultados: Estrés psicológico y fisiológico; comportamiento "pasivo-agresivo", y puede llegar al resentimiento, la amargura y aun al odio y la violencia.

Mucho más dolorosas son las consecuencias del enojo que sus causas.

MARCO AURELIO

CAPÍTULO 7

El **enojo** que dura años

Carlos era un médico apuesto, de buen trato y extremadamente exitoso. Pero su esposa Julia tenía una queja grave sobre él. Durante el último año, había estado hablándole bruscamente a ella y a los niños por "cualquier pequeñez" —dijo ella.

"Ya estoy harta de eso —me dijo—. No sé qué está ocurriendo dentro de él, pero sé que no es bueno para mí ni para los niños que sigamos escuchando sus quejas, nada de lo que hacemos parece conformarlo".

Ella explicó que los primeros años de su matrimonio fueron grandiosos; Carlos era amoroso y detallista. Rara vez hacia algún comentario crítico. Pero hace unos dos años había empezado a cambiar, y Julia dijo que la situación había empeorado durante el último año. Le pregunté qué pudo haber pasado dos años atrás para provocar un cambio en el comportamiento de Carlos.

"Nada que me venga a la mente —contestó Julia—. Bueno, la mamá de él murió en esa época, pero ella había estado cuatro años en un hogar para ancianos y durante su último año a duras penas podía reconocer a Carlos, así que no pienso que la muerte de ella tenga algo que ver con esto".

"ES COMO SI HUBIERA PERDIDO LA CHISPA"

—¿Hay alguna otra cosa acerca de la relación que te moleste? —pregunté.

—Parece que Carlos ha perdido su entusiasmo por la vida —dijo ella—. Antes se emocionaba mucho con el trabajo y la familia. Siempre estaba planeando diferentes cosas para hacer con nosotros, pero no lo ha vuelto a hacer. Es como si hubiera perdido la chispa que tenía.

Al cierre de nuestra sesión, le recomendé que Carlos viniera solo la próxima vez, y que en la sesión siguiente los atendería a los dos al mismo tiempo. Julia estuvo de acuerdo.

Dos semanas más tarde cuando Carlos y yo nos encontramos, le describí brevemente la visita de Julia y mi deseo de hablar con él en privado para obtener su percepción de lo que estaba sucediendo.

—Después, si los dos están dispuestos, me gustaría hablar con ambos —le dije.

—Está bien —dijo Carlos—, sé que tenemos algunos problemas y necesitamos tratarlos.

—Al observar los primeros años de tu matrimonio con Julia, ¿cómo describirías esos años? —le pregunté.

—Teníamos un buen matrimonio. Hacíamos muchas cosas juntos y disfrutábamos el uno del otro; de hecho, nos divertíamos bastante. Cuando llegaron los niños, aunque requerían una gran cantidad de tiempo y atención, seguíamos haciéndonos tiempo para los dos. Pienso que teníamos un buen matrimonio. De hecho, creo que todavía tenemos un buen matrimonio, pero las cosas han sido un poco escabrosas desde el año pasado, más o menos.

LA HISTORIA DE CARLOS

—Desde tu perspectiva, ¿qué ha hecho escabroso al matrimonio desde hace un año aproximadamente? —pregunté.

—Bueno, creo que he tenido muchas presiones en el trabajo —dijo Carlos— y creo que los niños también se han vuelto más exigentes con Julia. Ella parece estar cansada todo el tiempo, me imagino que los dos estamos bajo una gran carga de estrés.

—¿Qué efecto ha tenido tu estrés sobre tu comportamiento en el matrimonio?

—Julia dice que me he vuelto muy crítico con ella y los niños.

—¿Piensas que eso es cierto?

—Eso creo. Sé que ahora expreso verbalmente mis sentimientos mucho más que antes, y supongo que eso pueda percibirse como crítica. Parece que ahora me irrito más fácilmente.

—¿Cómo se ha demostrado el estrés de Julia en su comportamiento?

—Parece ser más sensible ahora y sentirse herida con mayor facilidad. Parece haber perdido interés en nuestras relaciones sexuales; es como si simplemente ya no fueran importantes para ella.

—¿Algunas de tus quejas ante Julia se han centrado alrededor del aspecto sexual de tu matrimonio? —pregunté.

—Creo que no. Por lo menos, no con mucha frecuencia.

Carlos movió su cabeza en negación.

—No sé —dijo—. Últimamente ni siquiera yo mismo he tenido mucho interés que digamos. De hecho, creo que he perdido mi motivación. Ya no me causa emoción el trabajo o cualquier otra cosa. Francamente, eso es lo que más me molesta de todo.

—¿Durante cuánto tiempo te has sentido de esta manera? —pregunté.

—Más o menos un año, no estoy seguro. Pero parece haber empeorado en los últimos dos meses.

Le hice unas preguntas a Carlos sobre su niñez y me enteré de que tenía un hermano menor y una hermanastra.

—Mi papá abandonó a mi mamá cuando yo era pequeño. Él se volvió a casar y tuvo una hija en ese matrimonio. Ella es diez años menor que yo, pero realmente me siento más cercano a ella que a mi propio hermano.

Su hermano y él no congeniaban mucho —explicó Carlos y luego añadió:

—Con nuestro papá ausente, ambos queríamos ser el hombre de la casa. Siempre peleábamos por cualquier cosa. Después que me fui a la universidad y él al ejército, no hemos estado mucho en contacto.

Él dijo que su padre era un alcohólico.

—Cuando aún vivía en la casa, se portaba bien si no había bebido, pero cuando se emborrachaba era violento. No tengo buenos recuerdos de mi niñez. Después que papá se fue, no lo vimos como unos cinco años. Pero cuando empecé la universidad, él dijo que quería ayudarme y lo hizo. Después de eso, nos veíamos de vez en cuando, pero nunca tuvimos una relación muy estrecha.

—¿Y cómo fue la relación con tu mamá?

—Mamá tenía sus propios problemas —dijo—. Tal vez eso llevó a mi papá a la bebida, pero no sé. Ella hacía muchas críticas y no era una persona cálida. Después que papá nos dejó, ella trabajó arduamente para asegurar que tuviéramos para comer y un lugar para vivir. La respeto mucho por eso, pero ella fue dura conmigo y con mi hermano. En realidad me alegré mucho cuando llegó el momento de ir a la universidad.

A diferencia de su padre, la madre de Carlos no se volvió a casar.

—Ella murió hace dos años —me dijo—. En sus últimos años, había desarrollado la enfermedad de Alzheimer y, durante sus tres últimos años, había empeorado su condición. Al final ella ni siquiera sabía quién era yo cuando iba a visitarla —dijo Carlos.

—¿Piensas que has tenido mucho resentimiento guardado hacia tu madre y tu padre a lo largo de todos estos años? —pregunté.

—No sé si es resentimiento —dijo—. Creo que todos esos años estuve sintiendo lástima por ellos. Ambos tuvieron vidas relativamente vacías.

—¿La experiencia en la universidad fue buena para ti? —pregunté.

—Sí y no. Bueno, realmente sí. Fue una buena experiencia, pero también fue una experiencia difícil. Me iba bien académicamente, pero en mi vida social hice algunas cosas de las que me arrepentí más tarde y me ocasionaron muchos problemas. Para ser sincero, en mi penúltimo año dejé embarazada a una joven. Yo quería que abortara, pero ella no quiso. Terminó entregando el bebé en adopción, pero todo fue muy engorroso. Julia sabe esto, pero nunca se lo dijimos a los niños. No creo que ellos tengan que saber eso.

Pude notar que Carlos estaba muy vulnerable conmigo y estaba empezando a sentirse incómodo. Entonces cambié de tema.

—Cuando vas conduciendo y tienes que parar en un semáforo, cuando hay luz verde, y la persona que está al frente no arranca de inmediato, ¿haces sonar la bocina?

—Me declaro culpable —contestó—. Por lo general, soy un hombre calmado en el trabajo y en la casa. En todas mis relaciones, soy conocido como "el estable". Pero cuando estoy tras el volante, creo que toda mi hostilidad sale a flote. Tú sabes, las personas hacen cosas tontas cuando manejan, y cuando yo voy solo les grito. Si Julia y los niños están en el auto, entonces trato de controlarme.

—¿Siempre has sido de los que hacen sonar la bocina todo el tiempo? —pregunté.

—Creo que sí —dijo con una sonrisa—. Recuerdo que hacía eso en la secundaria. Sí, supongo que siempre he sido de los que hacen sonar la bocina todo el tiempo.

Ahora Carlos se estaba riendo de sí mismo en voz alta, y yo también me reí con él.

—Quiero decirte algo para que lo pienses —proseguí—. Creo que eres un hombre que está muy enojado por haber acumulado mucho enojo en su interior durante un largo período de tiempo.

Carlos guardó silencio por un momento.

—Nunca me consideré a mí mismo como una persona con problemas de enojo —dijo finalmente—. De hecho, siempre me enorgullecí por saber manejar mi enojo. No soy del tipo explosivo, aprendí a temprana edad que pelear no sirve de nada. No me veo a mí mismo como alguien enojado —concluyó.

—Tal vez tengas razón —dije—. Analizaremos esto con mayor profundidad la próxima vez.

CARLOS ESCARBA EN EL PASADO

Antes que Carlos se retirara le asigné una tarea. "Quiero que estés a solas con lápiz y papel en mano, y que consideres toda tu vida para responder dos preguntas: ¿quiénes son las personas que han cometido una falta contra ti? Y, ¿qué es lo que han hecho? Puedes hacer dos columnas en el papel, una titulada 'Personas' y la otra 'Faltas que cometieron contra mí'. Empieza con tu recuerdo más antiguo; primero con tu niñez, ¿cómo era tu relación con tu madre, tu padre y tu hermano? Si todos ellos te ofendieron de alguna manera, lo cual sería bastante normal, incluye sus nombres en la lista y detalla la forma en que te ofendieron. Sé específico cuando tengas recuerdos específicos. Por ejemplo, si tu hermano te golpeó en la cabeza con un bate de béisbol, escríbelo: 'Mi hermano me golpeó con un bate de béisbol cuando tenía diez años'. Sé tan específico y detallado como puedas.

"NUNCA HABÍA PASADO TANTO TIEMPO PENSANDO EN MI PASADO".

"Cuando hayas terminado con tu familia, da un vistazo a tu vida escolar y retrocede tanto como puedas en tus recuerdos. ¿Algún profesor o estudiante te ofendió? Si es así, escribe el nombre de la persona y lo que hizo. Luego examina otras relaciones que hayas tenido durante la infancia, relaciones en la iglesia, en el vecindario, durante la adolescencia y los noviazgos. Incluye todo lo que te venga a la mente y pasa después a tus años en la universidad. Piensa en profesores, compañeros estudiantes, novias y demás personas. Luego revisa tu experiencia en la escuela de medicina, tu año de residencia o internado, y todas tus experiencias profesionales hasta el presente. Después pasa a observar tu relación con Julia y los niños. Empieza con tu relación de noviazgo hasta llegar al matrimonio y a tu situación actual.

"Piensa en tu relación con el resto de tu familia y la familia de Julia, tus colegas y demás. Trata de abarcar tanto como puedas. Ahora puedes ver por qué dije que requeriría algo de tiempo. Creo que te resultará de mucha ayuda, así que te pido que inviertas en ello tus mejores esfuerzos".

Percibí que Carlos no sabía exactamente a dónde queríamos llegar con todo esto, pero quedó intrigado con la idea y accedió de buena gana.

—También quisiera sugerir que los dos deberíamos reunirnos una vez más antes de invitar a Julia a que nos acompañe.

—Está bien —dijo—. Se lo diré a Julia.

Dos semanas más tarde, Carlos regresó a mi oficina y me entregó tres hojas tamaño oficio con los nombres de quienes lo habían ofendido y los sucesos en los que había sido ofendido durante toda su vida.

—Esta tarea fue muy reveladora —dijo—. Nunca había pensado antes en esas cosas y jamás habría esperado escribir todo esto, pero cuando empecé, mi memoria funcionó hasta discurrir más rápido de lo que podía escribir. En realidad fue una experiencia muy dolorosa. Nunca había pasado tanto tiempo pensando en mi pasado. Mi filosofía ha sido: "El pasado no se puede cambiar, entonces por qué molestarse en recordarlo".

—Hay algo de cierto en esa filosofía —repliqué—, pero existen otras dos realidades. Una es que podemos aprender del pasado, y la otra es que el pasado influye muchas veces en nuestra conducta en el presente.

Tomé la lista de Carlos, leí primero el nombre de su padre y después leí mentalmente las faltas cometidas por su padre. Luego miré a Carlos.

—¿Alguna vez pudiste hablar de estas cosas con tu padre? —le pregunté.

—No —dijo—. Aprendí a temprana edad que no se podía hablar con mi padre, especialmente si no se estaba de acuerdo con él.

Después leí las cosas que había escrito frente al nombre de su madre.

—¿Alguna vez pudiste hablar sobre estas cosas con tu madre? —le pregunté.

—No, no quise hacerle daño a mamá. Ella ya había tenido que soportar bastante. Simplemente traté de mantenerme en paz con ella.

Bajé la mirada para leer las cosas que estaban escritas frente al nombre de su hermano.

—¿Pudiste hablar con tu hermano sobre alguna de estas cosas? —pregunté.

—Bueno, cuando ambos vivíamos en casa, sí. La verdad es que casi siempre peleábamos cuando se tocaba el tema.

Continué de la misma manera, leyendo cada nombre que había en la lista y los sucesos en que Carlos había sido ofendido a través de los años. Había un total de treinta y cuatro nombres y múltiples sucesos. Únicamente en dos casos Carlos había procesado su enojo de una manera positiva. En los demás treinta y dos casos, simplemente había tratado de olvidarlo y seguir adelante.

EL PESO DE LA INJUSTICIA

—¿Ahora entiendes porqué sugerí la vez pasada que tenías mucho enojo acumulado? —le dije.

—Creo que tenías razón —dijo Carlos—, ¿pero cómo lo supiste?

—Porque mostraste dos características comunes de las personas que tienen enojo acumulado —continué—. Una de ellas, según tus palabras, es que te quejabas mucho y criticabas el comportamiento de Julia y los niños. Según las palabras de Julia, tú les hablabas bruscamente por cualquier pequeñez. La otra característica es tu comportamiento letárgico durante los últimos meses. Dijiste que habías perdido la motivación. Según lo expresado por Julia, parece que has perdido la chispa o la iniciativa que tenías antes. Quiero presentarte las razones por las que creo que esto ha ocurrido.

"A lo largo de toda tu vida, has sufrido injusticias relativamente graves. Por favor, entiende, no estoy sugiriendo que todas las personas que te han ofendido sean malas. Lo que puedo observar es que bastantes personas que han estado en tu vida hicieron cosas que te hirieron profundamente. Siempre que somos ofendidos, el enojo es la emoción natural que surge en nuestro interior. La manera saludable y benéfica de manejar el enojo es confrontar con amor a la persona que nos ha ofendido y realizar esfuerzos mutuos para buscar una solución. Muchas veces, sin embargo, debido a diversas circunstancias, no estamos en capacidad de hacer eso. Por ejemplo, los niños procesan muy rara vez su enojo hacia sus padres, normalmente debido al temor de que los padres no entiendan o empeoren todavía más las cosas. De modo que tu respuesta al decidir no confrontar a tus padres con tu enojo es muy normal en niños y adolescentes.

"Con tu hermano menor, sí procesaste tu enojo de alguna manera al contender verbalmente y algunas veces al pelear físicamente con él. Pero ninguna de estas dos cosas llevó a una resolución de los asuntos que provocaron el enojo. En la mayoría de las otras situaciones que describiste, tu respuesta fue tratar de olvidar la falta cometida en tu contra y seguir adelante con tu vida. Sin embargo, el enojo no se resuelve tan fácilmente. De hecho, las ofensas no se olvidan a no ser que se hayan procesado. El hecho de que puedas recordar estas cosas tantos años después de haber ocurrido indica que en realidad no las has olvidado".

Carlos escuchaba en silencio y asentía con su cabeza en los puntos clave.

—Siempre que experimentamos una serie de faltas cometidas contra nosotros durante un largo período de tiempo —continué—, nuestra capacidad emocional para absorber esas ofensas se extiende más allá de su capacidad. Entonces pueden suceder dos cosas. Empezamos a expresar este enojo, no hacia las personas que lo ocasionaron a través de los años, sino hacia otras personas que forman parte de nuestro entorno actual, en tu caso, hacia Julia y los niños. Así que, empiezas a expresar verbalmente tu enojo mediante comentarios críticos hacia ellos. Claramente, esa es una respuesta muy diferente a la que habías manifestado todos los años anteriores. La segunda manera en que tu enojo se puede evidenciar es en las etapas iniciales de una depresión profunda.

"El propósito de nuestro enojo consiste en motivarnos para emprender acciones constructivas con la persona que nos ha ofendido, pero si no hacemos esto, el enojo sin resolver se convierte en una nube oscura que rodea nuestra vida. Hemos sido ofendidos, afrentados y heridos a lo largo de toda nuestra vida por múltiples personas y de múltiples maneras. El peso de toda esa injusticia empieza a recaer sobre nuestras emociones y llegamos hasta el punto de asumir una actitud de letargo hacia la vida, por lo que perdemos todo interés en las cosas que antes estimulaban nuestra participación activa. Si no se dan pasos concretos y positivos para cambiar esto, la persona sigue su curso y se vuelve cada vez más explosiva o cada vez más deprimida".

—Todo eso tiene mucho sentido —dijo—. Pero ¿por qué todas estas cosas comenzaron a suceder apenas recientemente?

—Creo que las cosas se dispararon con la muerte de tu madre —respondí—. Aunque ella había estado enferma e internada en el hogar para ancianos durante los últimos tres años de su vida, creo que su muerte logró tocar las profundas emociones que estaban sin resolver en tu interior y volvieron a sacar todo esto a la superficie. Antes que eso ocurriera, el enojo no resuelto estaba cubierto por múltiples capas de actividades que todo el tiempo mantenían ocupada tu mente, consciente en alcanzar metas válidas y satisfactorias.

—Como una infección latente —interpuso Carlos—, aguardando la llegada de un estímulo externo.

—Exactamente —respondí.

—Eso suena bastante razonable —dijo Carlos—. Pero ¿qué voy a hacer al respecto? No puedo retroceder para hablar con todas esas personas. Mi mamá ya murió; mi papá nunca entendería. Algunas de las otras personas también han muerto, y otras ni siquiera sé dónde viven.

—Eso es cierto —dije—, así que voy a hacerte otra sugerencia. Lo que voy a sugerir no tiene por objeto restaurar tu relación con ninguna de estas personas. De todas maneras, ya no tienes ninguna relación con muchas de ellas. Pero lo que voy a sugerir sí tiene por objeto procesar tu enojo de una manera positiva y permitir que cambies los dos comportamientos negativos que estás experimentando en la actualidad.

Sabía que Carlos era un cristiano firme y que entendería el fundamento bíblico de lo que estaba a punto de sugerir.

—Quiero empezar por hacerte recordar dos características fundamentales de Dios. Dios es amoroso y es justo. Él se interesa en el bienestar de sus criaturas, pero también es justo y llevará a juicio a todos los seres humanos. Como cristianos entendemos esto. Ese es el significado de la cruz: Cristo tomó sobre sí todo el castigo de nuestros pecados. Y a quienes aceptan esa verdad, Dios los puede perdonar y seguir siendo justo al mismo tiempo.[1]

"Hay otro concepto bíblico que quiero recordarte. Las Escrituras dicen: 'Mía es la venganza, yo pagaré, dice el Señor'.[2] A nosotros nunca nos corresponde vindicarnos y hacer que las personas paguen por las faltas que han cometido contra nosotros. Las personas, o bien confiesan esas faltas a Dios y experimentan su perdón sobre la base de lo que Cristo ha hecho por ellas, o tendrán que enfrentar a Dios con esos pecados, y Él será su juez final y definitivo".

CÓMO SOLTAR LA OFENSA Y ENTREGÁRSELA A DIOS

—Ahora bien, esto es lo que quiero sugerir —dije mirando a Carlos directamente a los ojos—. Tan pronto como sea posible, quiero que te lleves estas hojas que escribiste y que vayas a algún lugar para estar a solas con Dios. Quiero que leas cada nombre y cada ofensa delante de Él; lee todo en voz alta. Después dile a Dios: "Tú sabes que mi padre hizo esto y esto, y esto y lo otro. Y tú sabes que no estuvo bien que un padre le hiciera estas cosas a un niño, y tú sabes cuánto me hirieron estas cosas. Han estado dentro de mí todos estos años. Pero hoy quiero dejar a mi papá y todas estas faltas en tus manos. Tú eres un Dios justo y eres un Dios amoroso. Tú sabes todo acerca de mi padre. Yo no sé qué lo llevó a hacer estas cosas. Tú conoces sus motivaciones así como sus acciones. Y por eso quiero ponerlo en tus manos y dejar que te encargues de él.

"Haz lo que quieras, yo sé que será bueno y motivado por tu amor. Lo coloco en tus manos y dejo allí también todas estas faltas, y sé que si él las confiesa, lo vas a perdonar. Si no es así, tratarás directamente con él estas cuestiones, pero hoy mismo estoy renunciando a ellas y las estoy dejando en tus manos".

"Quiero, además, que repases toda la lista que has confeccionado, nombre por nombre de cada persona y cada una de las acciones cometidas por ellas, y que las entregues a Dios una por una —le dije a Carlos—. Entrégaselas a Dios y cuando hayas hecho eso, quiero que le des gracias porque todas estas cosas ahora están en manos de Él. Quiero que le pidas a Dios que llene tu vida con el Espíritu Santo y que te dé el poder para ser el hombre que Él quiere que seas en el futuro. También pídele la capacidad de procesar futuras experiencias de enojo cuando estas ocurran. Las personas seguirán cometiendo faltas, incluso Julia va a ofenderte, y tus niños también pueden ofenderte. Pero ahora vamos a hablar acerca de la manera de procesar ese enojo de una manera positiva, y eso es lo que quiero que aprendas.

"Vas a pedirle a Dios que te enseñe la manera de procesar tu enojo. Después, como un símbolo de que le has entregado todas estas cosas a Dios y que ya no están en tu vida sino en las manos de Él, quiero que quemes o destruyas esas listas —le dije al final.

Dos semanas después, Carlos y Julia regresaron. Carlos le había expresado a ella lo que había hecho.

—Han sido dos semanas buenas —dijo Julia—. Esta es una de las mejores cosas que han sucedido en nuestra vida. Siento como si tuviera un esposo nuevo.

—Han sido dos semanas muy buenas —dijo Carlos—. El proceso de hablar de esas cosas con Julia fue difícil; hablarlas con Dios fue más fácil. Pero siento como si me hubieran quitado un gran peso de encima.

—Él no ha hecho ninguna crítica destructiva esta semana —dijo Julia.

—Bueno, el enojo ya se ha ido —contestó Carlos—. No hay necesidad de hacer críticas, y estoy empezando a sentir un nuevo entusiasmo por la vida.

El resto de la sesión transcurrió en ayudar a Carlos y a Julia a establecer nuevas pautas para manejar el enojo entre ellos en el futuro. Esas pautas se encuentran en el capítulo 3. Tuvimos dos sesiones más para tratar otros asuntos menores de su relación. Carlos y Julia acababan de dejar atrás una etapa crucial de su matrimonio, y esto les permitió enriquecer en gran manera su intimidad matrimonial y ayudar a muchas otras parejas durante los últimos diez años.

EL ENOJO Y LA DEPRESIÓN

Después de veinticinco años en consejería, estoy convencido de que hay miles de Carlos en el mundo, muchos de ellos extremadamente exitosos en sus profesiones y sin experimentar ningún problema por muchos años a causa de su enojo encubierto. Pero tarde o temprano, el enojo sin procesar se expresará en conductas violentas, normalmente hacia personas inocentes, o en una profunda depresión no resuelta, todo lo cual impide que el individuo alcance su potencial para Dios y para bien del mundo. Por favor, no crea que estoy afirmando que toda depresión es causada por un enojo no resuelto. Ciertamente, este no es el caso. Pero la depresión es muchas veces el resultado de un enojo que se acumula en el interior del individuo durante un largo período de tiempo.

> **MUCHOS IGNORAN POR COMPLETO QUE SUS EXPERIENCIAS DEL PASADO ESTÉN INFLUYENDO EN SU COMPORTAMIENTO DEL PRESENTE.**

Cuando el enojo permanece por mucho tiempo en la vida de una persona, esta debe procesarlo a fin de evitar tener reacciones explosivas o implosivas. El proceso que he descrito en este capítulo al presentarles la historia de Carlos puede ser de ayuda para cualquier persona. Muchos, como Carlos, ignoran por completo que sus experiencias del pasado estén influyendo en su comportamiento del presente. Hacer una lista de los males perpetrados contra nosotros a través de los años constituye el primer paso en la identificación del enojo sin procesar. Cuando esa lista esté completa, podrá preguntarse: ¿Cómo procesé mi enojo en este incidente? Si descubre que no lo procesó o que lo procesó mal, sepa que nunca es demasiado tarde para tratar el enojo no resuelto.

Sin embargo, reiteraré lo que le dije a Carlos: procesar nuestro enojo junto con Dios no logra de por sí restaurar las relaciones con las personas que nos han ofendido. Su objetivo consiste más bien en traer sanidad emocional y espiritual a nuestra vida. Y otra cosa igualmente importante: hace que nuestra vida sea diferente en el futuro.

La decisión de regresar para tratar personalmente con los individuos que nos ofendieron requiere de oración y reflexión. Hay muchos factores que se deben tener en cuenta, la mayoría de los cuales se trataron en el capítulo 3 cuando hablamos acerca de procesar el enojo con la persona que nos ofendió. Cuando es posible, tiene el potencial no solo de sanar a las personas sino también de restaurar la relación. Al mismo tiempo, también tiene en sí el potencial de generar más rechazo, dolor y ofensas. Si la persona aún vive, y la relación sigue siendo importante, recomiendo que se considere esta alternativa tras mucha oración y reflexión al respecto. Por lo general, ese intento de reconciliación será más productivo si el individuo cuenta con la asistencia de un pastor, consejero o amigo de confianza. (Para un análisis más completo del tema de la reconciliación y la disculpa, véase mi reciente libro *Los cinco lenguajes de la disculpa*, escrito en coautoría con la Dra. Jennifer Thomas). Tal reconciliación siempre requiere de perdón, y esto nos lleva al tema del próximo capítulo.

¡QUÉ MALEDUCADOS!

Los hombres son responsables del 70% de los comportamientos maleducados en la oficina, y uno de cada cuatro norteamericanos experimenta enojo crónico en el lugar de trabajo, de acuerdo a un estudio de la Compañía Marlin.

REPASO BREVE

SEIS PASOS PARA TRATAR CON EL ENOJO DE HACE TIEMPO

1. Haga una lista de las faltas (significativas) que se hayan cometido contra usted con el paso de los años.

2. Analice cómo respondió ante cada suceso o persona.

3. Si la persona ya no está viva o no está accesible para la reconciliación, suelte su enojo y entrégueselo a Dios.

4. Para con aquellos que aun están vivos, decida buscar la reconciliación o "pasar por alto la ofensa".

5. Si usted decide proceder a la reconciliación, lleve a la reunión a una tercera parte de confianza, como un pastor. Esta tercera parte puede actuar como un mediador o moderador durante el diálogo para hacer que este siga su curso principal.

6. Busque el perdón. La reconciliación casi siempre requiere de perdón, por lo general, de su parte, pero algunas veces de la otra parte, a quien usted tal vez ofendió involuntariamente.

El perdón no es tanto un método para aprender como una verdad para vivir.

Nancy DeMoss Wolgemuth

CAPÍTULO 8

¿Y qué decir del **perdón**?

AMANDA, una alumna de secundaria, había entrenado todo el verano para dar las pruebas para porrista. Cuando las pruebas hubieron terminado, ella se sintió conforme con su desempeño. Una semana más tarde, descubrió que no la habían seleccionado. Quedó destrozada. Cuatro días más tarde, descubrió que Lisa, a quien creía amiga, le había mentido al entrenador de las porristas diciéndole que Amanda consumía drogas. Ahora Amanda está furiosa; su enojo es válido pues ha sido provocado por una injusticia. Lisa, en quien Amanda confiaba, pecó contra ella.

¿Cómo debería responder Amanda, o cualquiera de nosotros, al sentimiento de haber sido objeto de una ofensa? ¿Dónde entra el perdón?

DE QUÉ MANERA NOS PERDONA DIOS

La Biblia nos pinta un cuadro de nuestras faltas contra Dios, y cómo Él elige responder.

El profeta Isaías proclamó este mensaje por todo el antiguo Israel: "...vuestras iniquidades han hecho división entre vosotros y vuestro Dios, y vuestros pecados han hecho ocultar de vosotros su rostro para no oír" (Is. 59:2). Nunca estamos separados del amor de Dios, pero el pecado sí nos aparta de la comunión con Él. El Nuevo Testamento nos recuerda que "la paga del pecado es muerte". La muerte es la máxima imagen de la separación. Por supuesto, no es lo que Dios desea para sus criaturas, por tal motivo el escritor añade de inmediato: "...mas la dádiva de Dios es vida eterna en Cristo Jesús Señor nuestro" (Ro. 6:23).

PARA EXPERIMENTAR EL PERDÓN DE DIOS, DEBEMOS RESPONDER AL LLAMADO DEL ESPÍRITU SANTO CON ARREPENTIMIENTO Y FE EN CRISTO.

Dios desea tener comunión con sus criaturas. Esa es la razón por la que Cristo murió en la cruz. Dios nos ofrece su perdón y el don de la vida eterna. A fin de poder experimentar el perdón de Dios, el hombre debe responder al llamado del Espíritu de Dios con arrepentimiento y fe en Cristo (véase Hch. 2:37-39).

La palabra *arrepentimiento* significa literalmente "dar la vuelta". El mensaje es claro: si queremos recibir el perdón de Dios y entrar a su familia eterna, debemos apartarnos de nuestros pecados, reconocer que Cristo ha pagado la pena máxima por nuestros pecados, y aceptar el perdón de Dios y la dádiva de la vida eterna, todo esto en respuesta al impulso y la dirección del Espíritu Santo.

En el mismo momento en que hacemos esto, experimentamos el cálido abrazo de nuestro Padre celestial. La distancia que nos separaba ya no existe. Para usar las palabras de Juan, estamos ahora caminando en la luz, teniendo comunión con Dios, "...y la sangre de Jesucristo su Hijo nos limpia de todo pecado" (1 Jn. 1:7).

Antes de seguir avanzando, aclaremos el significado de la palabra *perdón*. Las ideas clave que transmite el lenguaje bíblico son: cubrir, quitar, absolver y conceder un favor inmerecido. La idea más común de todas es la de quitar los pecados. Por ejemplo, el salmista dice: "Cuanto está lejos el oriente del occidente, hizo alejar de nosotros nuestras rebeliones" (Sal. 103:12).

En este sentido, el perdón de Dios consiste en eximir a la persona del juicio divino, del castigo que les corresponde a los pecadores.

RECONCILIACIÓN Y ARREPENTIMIENTO

El perdón de Dios hacia nosotros nos sirve como modelo de cómo debemos perdonar a otros. Las Escrituras dicen que nosotros debemos perdonarnos unos a otros, como Dios también nos perdonó en Cristo (Ef. 4:32). En este modelo divino, hay dos elementos esenciales: la confesión y el arrepentimiento por parte del pecador, y el perdón por parte de la persona contra quien se pecó. En las Escrituras, estos dos elementos nunca van separados.

Por ejemplo, el llamado de Dios a Israel era: "Vuélvete, oh rebelde Israel... no haré caer mi ira sobre ti, porque misericordioso soy yo... no guardaré para siempre el enojo. Reconoce, pues, tu maldad, porque contra Jehová tu Dios has prevaricado, y fornicaste con los extraños... Convertíos, hijos rebeldes, dice Jehová, porque yo soy vuestro esposo..." (Jer. 3:12-14). Dios nunca accede a la reconciliación mientras Israel persiste en su pecado. No puede haber reconciliación sin arrepentimiento. En el Nuevo Testamento, Jesús expresó la misma realidad cuando dijo: "¡Jerusalén, Jerusalén, que matas a los profetas, y apedreas a los que te son enviados! ¡Cuántas veces quise juntar a tus hijos, como la gallina junta sus polluelos debajo de las alas, y no quisiste! He aquí vuestra casa os es dejada desierta" (Mt. 23:37-38). Dios no puede reconciliarse con quienes no están dispuestos a volverse a Él.

No existe ninguna evidencia bíblica de que Dios haya perdonado a alguien que no se arrepintiera del pecado y se volviera a Él en fe. Algunos objetarían mediante el planteo de la siguiente pregunta: "¿Y qué de la oración de Jesús en la cruz cuando dijo: 'Padre, perdónalos, porque no saben lo que hacen?' (Lc. 23:34). ¿Acaso esa oración no fue contestada por el Padre?". Mi respuesta es: "Sí, pero no inmediatamente". Ellos no solamente no fueron perdonados en ese preciso momento, sino que después de esas palabras prosiguieron con su acto ruin de crucificar al Hijo de Dios.

Es claro que ellos no fueron perdonados de inmediato, según el sermón de Pedro consignado en Hechos 2 y pronunciado el día de Pentecostés. Pedro les estaba hablando a muchos de los que habían sido responsables de la crucifixión de Cristo cuando dijo: "Varones israelitas, oíd estas palabras: Jesús nazareno, varón aprobado por Dios entre vosotros con las maravillas, prodigios y señales que Dios hizo entre vosotros por medio de él, como vosotros mismos sabéis; a éste,... prendisteis y matasteis por manos de inicuos, crucificándole; al cual Dios levantó... Y con otras muchas palabras testificaba y les exhortaba" (Hch. 2:22-24, 40).

Obviamente, él les estaba predicando a algunos de los que habían participado directamente en la crucifixión de Cristo. Más de tres mil personas respondieron a la verdad y reconocieron a Cristo como Salvador (v. 41). El resto del libro de Hechos registra muchos otros que respondieron a Cristo. En Hechos 6:7 leemos: "...y el número de los discípulos se multiplicaba grandemente en Jerusalén; también muchos de los sacerdotes obedecían a la fe". Aparentemente, fue después de Pentecostés que muchos de los que habían crucificado a Jesús llegaron a reconocerlo como el Mesías y experimentaron el perdón de Dios. La oración de Jesús en la cruz: "Padre, perdónalos, porque no saben lo que hacen" constituye un claro indicativo de su buena voluntad y profundo deseo de que ellos experimentaran el perdón del Padre. Esta disposición a perdonar es lo que debemos imitar. Pero aquellos por los que Él oró no experimentaron el perdón del Padre hasta que se arrepintieron y depositaron su fe en Cristo el Mesías.

CÓMO REPRENDER A LA PERSONA Y RESTAURAR LA CONFIANZA

Volvamos a Amanda, quien se sintió traicionada por su amiga. ¿Qué debería hacer?

Miremos el claro paradigma bíblico establecido por Jesús en Lucas 17: "Si tu hermano pecare contra ti, repréndele; y si se arrepintiere, perdónale. Y si siete veces al día pecare contra ti, y siete veces al día volviere a ti diciendo: Me arrepiento; perdónale" (vv. 3-4).

Nótese la progresión de los sucesos. Primero, se ha cometido un pecado: su hermano, hermana o amigo lo trata injustamente. Experimenta de inmediato un enojo válido y justo. Su primera reacción es clara: usted debe reprender a la persona que pecó en su contra. Como se señaló anteriormente, la palabra *reprender* significa colocar un peso encima, llamar la atención sobre el asunto. En conclusión, usted confronta a la persona con el pecado que cometió.

DEBEMOS TENER CUIDADO DE NO PECAR CUANDO REPRENDAMOS A ALGUIEN.

Como se indicó antes, por lo general, lo mejor es que se tome su tiempo para calmarse emocionalmente antes de hacer esta reprensión. Pero siendo realistas, no debemos pensar que después de haber sido ofendidos por el pecado de otra persona vamos a estar totalmente tranquilos. Sin embargo, debemos tener cuidado de no pecar cuando reprendamos a alguien. Debe mostrar amor cristiano en el sentido de que su deseo más profundo es que la persona esté dispuesta a confesar y arrepentirse de su pecado a fin de que usted pueda hacerle extensivo el perdón.

El siguiente paso consiste en que la persona que ha pecado debe arrepentirse; es decir, él o ella debe confesar la falta cometida y expresar el deseo de no volver a cometer esa falta en el futuro. Si sucede esto, Jesús dijo que debemos perdonar a dicha persona. Debemos levantar el castigo y acoger nuevamente a la persona en una nueva relación restaurada. A partir de allí, empezamos el proceso de reconstruir la confianza. Nos negamos a permitir que la falta de alguna persona nos mantenga alejados de ella y no permitimos que nuestros sentimientos de dolor y decepción controlen nuestra conducta hacia esa persona. La perdonamos de la misma manera que Dios nos ha perdonado a nosotros y de la misma manera que esperamos que esa persona nos perdone si pecamos contra ella.

Debe notarse, sin embargo, que el perdón no elimina todos los efectos del pecado. Cuando David pecó contra Betsabé y el esposo de ella, Dios perdonó completamente a David cuando él confesó su pecado. Pero los resultados negativos del pecado de David plagaron toda su vida de allí en adelante. Lo mismo sucede con nuestro pecado. Permítame ilustrarlo: digamos que cometo el pecado de embriaguez y, en mi estado ebrio, salgo a manejar mi auto por la autopista. Poco tiempo después, me salgo del camino y me estrello contra un poste. Termino con una pierna fracturada y el auto bastante averiado. Puedo confesar mi pecado a Dios antes de salir del vehículo y experimentar allí mismo su perdón. Aunque Dios me perdonó, mi pierna sigue fracturada, y el auto sigue inservible. Mi esposa llega al lugar de los hechos, y ahora me veo enfrentado a la realidad de haber pecado contra ella. Si le confieso mi falta, y ella decide perdonarme, entonces tengo la oportunidad de restaurar su confianza en mí. Pero ella también va a sufrir; también se verá perjudicada cuando, a causa de mi accidente, aumente el seguro del auto, mi licencia de conducir quede cancelada, y tenga que llevarme al trabajo. He sido perdonado por mi esposa y por Dios, pero debo seguir enfrentando a diario los resultados de mi falta porque, además, la noticia se ha propagado por todo el vecindario.

NO PERMITAMOS QUE NUESTRAS MENTES SE OBSESIONEN CON FALLAS DEL PASADO QUE YA HAN SIDO PERDONADAS.

No, *el perdón no elimina todos los resultados del pecado.* Tengo que rendir cuentas de mis actos y debo aprender de mis fracasos.

Una segunda realidad es que *el perdón no elimina todas mis emociones de dolor.* Puede ser que mi esposa me perdone, pero cuando ella piense en lo que hice tal vez se sienta otra vez decepcionada y enojada conmigo. El perdón no es un sentimiento; es el compromiso de aceptar a la persona a pesar de lo que haya hecho. Es tomar la decisión de no demandar justicia, sino de mostrar misericordia; eso es lo que la esposa o el esposo que perdona debe hacer. El perdón tampoco significa que nunca vayamos a pensar otra vez en la situación. Debido a que todo suceso en nuestra vida queda registrado en el cerebro, existe el potencial de que el suceso regrese a la conciencia una y otra vez.

Si hemos elegido perdonar, le entregamos el recuerdo de lo sucedido a Dios así como los sentimientos de dolor; reconocemos ante Él lo que estamos pensando y sintiendo, pero también le agradecemos porque eso ha sido perdonado por su gracia. Después le pedimos el poder para hacer algo amable y amoroso por esa persona en el presente. Estamos eligiendo enfocarnos en el futuro sin permitir que nuestras mentes se obsesionen con fallas del pasado que ya han sido perdonadas.

"PERO SI NO ME ESCUCHA..."

Pero ¿qué pasa si la persona no se arrepiente? ¿Aun así tengo que perdonarla? La respuesta bíblica es clara: "Si tu hermano peca contra ti, ve y repréndele estando tú y él solos; si te oyere, has ganado a tu hermano. Mas si no te oyere, toma aún contigo a uno o dos, para que en boca de dos o tres testigos conste toda palabra. Si no los oyere a ellos, dilo a la iglesia; y si no oyere a la iglesia, tenle por gentil y publicano" (Mt. 18:15-17).

Los principios de disciplina de la Iglesia establecidos por Jesús se aplican de igual modo a cualquier relación cercana que tengamos (incluso a personas no cristianas), y responde la pregunta sobre qué hacer si la persona no se arrepiente después de nuestra confrontación hecha en amor. Lo que hacemos es ampliar el círculo de experiencia invitando a dos amigos de confianza para que se unan a nosotros en una nueva confrontación con la persona que ha pecado. Si a pesar de esto, aún no hay arrepentimiento, entonces tratamos a la persona como un pagano, aunque el individuo en cuestión sea un creyente.

¿Cómo trata el cristiano a los paganos? Oramos por ellos, procuramos ser amables con ellos, pero no los tratamos como si fueran inocentes, porque no lo son. Recuerde: todo pecado trae consigo separación. La separación no desaparece porque usted decida pasar por alto el pecado. El pecado siempre crea barreras en las relaciones humanas, y esas barreras caen únicamente cuando hay arrepentimiento y perdón genuinos.

Considere a una esposa, que llamaremos Ángela, que descubre que su esposo Tomás está teniendo una aventura amorosa. Ángela confronta a Tomás con lo que ella ha descubierto. Él podría tener una de varias respuestas. Él podría confesar su falta y prometerle que terminará la relación con la joven del trabajo. Él podría decirle que está enamorado de la joven y que quiere el divorcio para casarse con ella. Él podría confesar su falta y romper verdaderamente la relación con la otra mujer.

Esta es la única respuesta que hará posible un perdón genuino. Para que Ángela pueda perdonar, y Tomás pueda recibir un perdón legítimo, él debe comenzar por la confesión y el arrepentimiento. Después, juntos, podrán trabajar en reconstruir su relación matrimonial.

¿DEBERÍAMOS PERDONAR PARA EVITAR LA AMARGURA PERSONAL?

Volvamos a considerar a Amanda. ¿Debería ella perdonar a su amiga simplemente para su propio beneficio, para que el enojo no se endurezca y se transforme en amargura en contra de Lisa? Ciertamente estoy de acuerdo en que Amanda debería liberarse de su enojo antes que se transforme en amargura. Pero desde una perspectiva bíblica, el perdón no es una calle de una sola vía. El perdón es un regalo que no puede abrirse hasta que el pecador esté dispuesto a admitir: "Lo necesito y lo quiero".

No hay evidencia en las Escrituras de que Dios haya perdonado al pecador que no confiesa ni se arrepiente de su pecado. Dios siempre está dispuesto a perdonar y deseoso de perdonar, pero Dios no puede perdonar realmente hasta que el pecador se arrepienta.

Lo mismo ocurre en las relaciones humanas. Los cristianos con la ayuda del Espíritu Santo siempre deben estar listos para perdonar, dispuestos y deseosos de perdonar y hacer extensivo el perdón, pero no podemos imponerle a la fuerza el perdón a una persona que no lo desea.

¿Entonces qué deberían hacer los cristianos con sus sentimientos y pensamientos de enojo cuando la persona que los ha ofendido rehúsa arrepentirse del mal cometido? Creo que debemos confrontar en amor a la persona así como Dios nos confronta a nosotros. Si el individuo no responde positivamente a nuestra primera confrontación, creo que debemos orar por él e intentarlo de nuevo, quizás invitando a una o dos personas más que nos acompañen y ampliando así el círculo de conocimiento acerca de ese pecado. Si la persona no responde en el debido tiempo a esta confrontación, entonces la realidad del pecado debe ser dada a conocer a la comunidad en general, lo cual típicamente involucra a la familia extensiva y, en algunos casos, a la familia de la iglesia.

> **DIOS NO PUEDE PERDONAR REALMENTE HASTA QUE EL PECADOR SE ARREPIENTA.**

Si el individuo sigue sin arrepentirse de la falta, entonces tendrá que ser tratado como un "pagano". Esta es la palabra que Jesús empleó. El pasaje de Mateo 18 se refiere fundamentalmente a relaciones entre creyentes cristianos, pero el principio se aplica a todas las situaciones en las cuales se deja que el pecado fracture una relación. Un pagano es un advenedizo, alguien que está afuera porque es incrédulo. Sin importar que la persona ofensora sea incrédula como tal o solamente un pecador no arrepentido, tratamos al individuo de la misma manera, como alguien que ha fracturado el compañerismo con nosotros. Tratar al individuo como un pagano significa que dejamos de considerarlo un amigo cercano. Debemos orar por él, ser amables con él y tratarlo con dignidad y respeto. Recuerde que se trata de una persona por la cual Cristo murió, una persona con la que desearíamos ser reconciliados. Pero no podemos actuar como si el pecado no existiera. El hecho que no se puede ignorar es que el pecado ha creado una barrera entre las dos personas, y esa barrera no se disuelve con el paso del tiempo por sí sola.

Muchas veces me siento frustrado cuando escucho a cristianos que se amonestan entre sí a que deben perdonar a la parte ofensora, aun si la persona no está dispuesta a confesar y arrepentirse de su pecado. Hay muchas esposas cristianas a quienes algunos pastores han colocado en una posición insostenible, porque las exhortan a perdonar a esposos que están manteniendo relaciones fuera del matrimonio y que no quieren arrepentirse. Puedo entender la intención que tienen los pastores al dar este consejo, ellos quieren que la esposa se libere del enojo, la amargura y quizás el odio que se ha acumulado en su corazón hacia el esposo y que además está destruyendo su propio bienestar. Su deseo es verla libre de todo eso y que camine en comunión con Dios, sin permitir que el pecado de su esposo destruya su vida. La intención es completamente admirable, pero un perdón no bíblico no es la respuesta.

DOS PASOS DECISIVOS: ENCOMENDAR AL OFENSOR A DIOS Y CONFESAR CUALQUIER PECADO PERSONAL

Creo que la respuesta se encuentra en dar dos pasos decisivos: *primero, encomendar o dejar en manos de Dios a la persona que ha pecado contra usted*, dejar que Dios se encargue de esa persona en lugar de insistir en devolverle mal por mal. Las Escrituras enseñan que la venganza pertenece a Dios, no al hombre (véase Ro. 12:19). La razón de esto es que solo Dios conoce todo acerca de la otra persona, no solamente sus acciones sino también sus motivaciones. Por esa razón, solo Dios puede ser el juez. La persona que se deja consumir por sentimientos de amargura hacia otra persona que la ha tratado injustamente debe dejar a esa persona en las manos del Padre celestial que todo lo sabe y es totalmente capaz de hacer lo que es justo y correcto con ella.

El apóstol Pablo demostró esto cuando le dijo al joven Timoteo: "Alejandro el calderero me ha causado muchos males; el Señor le pague conforme a sus hechos. Guárdate tú también de él, pues en gran manera se ha opuesto a nuestras palabras" (2 Ti. 4:14-15).

Pablo no solamente no había perdonado a Alejandro debido a que este no se había arrepentido, sino que advirtió a Timoteo para que se cuidara, porque Alejandro también podía tratarlo injustamente. Pablo no disimuló el problema ofreciendo un perdón infundado y sin complicaciones a Alejandro. Más bien hizo lo que era responsable y puso a ese hombre en manos de Dios. Después que Pablo tomara esta decisión, no creo que le costara trabajo conciliar el sueño por causa de Alejandro. Su enojo fue procesado mediante el acto consciente de dejar al ofensor en las manos de un Dios justo y misericordioso.

Pedro, indica que nuestro Señor mismo actuó de manera similar. Al escribir sobre los sufrimientos de Cristo, Pedro dijo: "quien cuando le maldecían, no respondía con maldición; cuando padecía, no amenazaba, sino encomendaba la causa al que juzga justamente" (1 P. 2:23). Weymouth lo traduce: "Dejó su causa en las manos del Juez justo". Como hombre, Jesús no se atribuyó el derecho de tomar venganza sobre quienes lo habían ofendido, sino que más bien, encomendó toda la situación a Dios, al saber que juzgaría con verdadera justicia. Muchas veces cuando hemos sido ofendidos, pensamos que si no ejercemos presión y demandamos justicia, nadie más lo hará por nosotros. El hecho real es que Dios se encuentra en una posición mucho mejor para juzgar que nosotros. Puede dejar la ofensa y la persona que lo ofendió en manos de Dios, al saber que Él emprenderá la mejor acción posible a favor de usted. Él está más interesado en la justicia y la rectitud que usted.

El segundo paso crucial es que la persona que ha sido ofendida confiese su propio pecado. Recordemos que el enojo en sí mismo no es pecado, pero muchas veces permitimos que el enojo nos haga caer en conductas pecaminosas, tales como la explosión o la implosión (tratadas en el capítulo 6). De esta manera, se constituye un acto de pecado cuando un empleado enojado regresa para dispararle al supervisor que lo despidió del trabajo; él está cometiendo su propia falta y complicando aún más el problema. Sin embargo, cuando lanzamos nuestras diatribas verbales contra la persona que nos ha ofendido o si cometemos actos de violencia física, también estamos cayendo en conductas pecaminosas. No olvidemos el enojo implosivo: el enojo que guardamos en nuestro interior, que muchas veces se convierte en amargura y odio, los cuales son condenados en las Escrituras como pecados.

Como notamos en un capítulo anterior, el enojo fue diseñado para ser un visitante, nunca un residente. El reto bíblico es que nos deshagamos de "todas estas cosas: ira, enojo, malicia, blasfemia, palabras deshonestas de vuestra boca" (Col. 3:8). Cuando nos obsesionamos con nuestros propios sentimientos de dolor y enojo, estamos dejando de enfocarnos en Dios y somos culpables de ceder ante pasiones desordenadas. Si hay una ocasión en la que necesitamos la ayuda y guía de Dios, es cuando hemos sido ofendidos por un amigo o familiar.

En ese punto, la oración es vital. La siguiente oración puede ayudarle a dar estos dos pasos hacia el alivio de su propia consternación interna:

> *Padre, tú conoces el dolor, el daño, el enojo y la amargura que siento hacia ___________. Sabes lo que él (ella) me hizo. Sabes que he hecho todos los esfuerzos para buscar una reconciliación, pero él no está dispuesto a tratar con la falta. Tú conoces la respuesta que tuvo conmigo y sabes cómo ha continuado con su estilo de vida. Reconozco que él está fuera de mi control. No puedo hacer que haga lo que yo desearía que hiciera. Así que, quiero encomendarte a ___________, al saber que tú eres un Dios justo y honesto, y que en el futuro lo vas a tratar justamente. Así que dejo a ___________ en tus manos y confío en que vas a obrar en su vida de la mejor manera.*
>
> *También quiero confesar que he permitido que esta falta me consuma. Me he obsesionado con mi enojo, mi dolor, mi desaliento y mi frustración. He tenido un espíritu de amargura hacia esta persona y algunas veces hacia ti por permitir que ocurriera esto. Quiero confesar que esto está mal y quiero darte gracias porque Cristo ha pagado mi condena. Quiero aceptar tu perdón por mis actitudes erróneas.*
>
> *Oro pidiendo que tu Espíritu llene mi corazón y mi mente, y me ayude a pensar como tú y hacer únicamente*

aquellas cosas que sean de ayuda en mi situación. No quiero que mi vida se arruine por lo que la otra persona me ha hecho y sé que ese no es tu deseo. Guíame hoy al leer tu Palabra, al buscar buenos amigos cristianos, al consultar libros cristianos que me ayuden y al procurar que mi vida vuelva a estar en tus manos. Quiero seguirte. Quiero cumplir tus propósitos. Que este sea un día de nuevos comienzos para mí. En el nombre de Cristo, mi Salvador y Señor. Amén.

Una oración así, hecha con sinceridad, canalizará las energías del cristiano en la dirección correcta, que consiste en buscar la comunión de Dios y su sabiduría para nuestra vida. Cuando la otra persona confiese y se arrepienta de su mala acción, deberemos estar siempre listos y dispuestos a perdonar y trabajar juntos en la restauración de la relación.

Mientras tanto, no tenemos por qué dejar de andar en la luz, tener plena comunión con Dios y saber que los propósitos de Dios para nuestra vida no serán torcidos por culpa de lo que alguna otra persona haya cometido. De hecho, las Escrituras dicen que Dios, incluso hará que las cosas malas que nos ocurren se conviertan en algo positivo (véase Ro. 8:28-29). Aclaro que tal acción no restaurará la comunión con la persona que lo ha ofendido, pero sí lo hará libre para que prosiga con su vida y haga uso de su tiempo y sus energías de una manera más constructiva.

CÓMO PEDIR PERDÓN POR *NUESTROS* PECADOS

En este capítulo, hemos hablado principalmente acerca de nuestra responsabilidad de confrontar a familiares y amigos que pecan contra nosotros y de buscar la reconciliación con ellos. Sin embargo, Jesús tiene otra palabra para nosotros, y esta tiene que ver con nuestro propio pecado. Sus instrucciones también son suficientemente claras: "Por tanto, si traes tu ofrenda al altar, y allí te acuerdas de que tu hermano tiene algo contra ti (es decir, que usted lo ha ofendido a él), deja allí tu ofrenda delante del altar, y anda, reconcíliate primero con tu hermano, y entonces ven y presenta tu ofrenda" (Mt. 5:23-24).

Cuando pecamos contra otro, es nuestra responsabilidad confesar y arrepentirnos de nuestros propios pecados. Deberíamos tomar la iniciativa tan pronto como nos demos cuenta de que hemos hecho o dicho algo indebido y ofensivo contra otra persona. De esta manera, queda claro para el lector entendido que, bien sea que yo haya pecado contra alguien o que alguien haya pecado contra mí, es mi responsabilidad tomar la iniciativa de buscar la reconciliación. Si he pecado contra alguien, lo más probable es que esa persona esté experimentando enojo hacia mí. Si la persona ha pecado contra mí, entonces el que experimenta el enojo soy yo. El enojo en la estructura de Dios está diseñado para motivarnos a emprender acciones constructivas que conduzcan a la rectificación de lo torcido por la ofensa y a la restauración de la comunión con la otra persona.

El semblante enojado

Investigaciones han mostrado que muchas mujeres se avergüenzan y se debilitan debido a su enojo. Y no les gusta cómo se ven cuando están enojadas. Cuando se les preguntó cómo se veían cuando estaban enojadas, un grupo de muchachas respondió: "¡Feas!".

REPASO BREVE

CÓMO PERDONAR CUANDO ME HAN OFENDIDO

1. Reprenda a la persona que lo ofendió. Llámele la atención por su ofensa. Haga esto solo después de haberse calmado emocionalmente.

2. Espere que la persona admita su falta y que exprese el deseo de no volver a cometer esa falta en el futuro. Si la persona hace esto, usted debería perdonarla.

3. Debe ser consciente de que aun después que la persona se arrepiente, pueden llegar a quedar secuelas de lo sucedido. Usted podría seguir luchando con el enojo o la decepción, pero recuerde que el perdón implica un compromiso de aceptar a la persona a pesar de lo que esta haya hecho.

El mejor remedio para la ira es la dilación.

SÉNECA

CAPÍTULO 9

Cuando estoy **enojado** con mi cónyuge

"NI SIQUIERA recuerdo haberme salido de las casillas antes de casarme".

Es posible que a Nicolás le estuviera fallando la memoria respecto a sus años anteriores al matrimonio, pero de una cosa sí tenía certeza: Susana provocaba su enojo. "Cuando ella dice ciertas cosas o me lanza esa mirada, me pongo furioso" —decía Nicolás.

Susana hacía comentarios sarcásticos y retóricos como: "¿Vas a cortar el césped o tengo que llamar a mi papá para que venga a cortarlo?". "Esa mirada" a la que se refería Nicolás era cuando Susana inclinaba su cabeza y lo miraba fijamente. "Esa mirada —decía él— es peor que mil palabras condenatorias. Lo que veo en sus ojos es un mensaje que dice: Me arrepiento de haberme casado contigo".

Nicolás estaba enojado porque, de esa manera, Susana hería su autoestima. La mayoría de nosotros necesitamos que los demás nos quieran, nos acepten y nos valoren. Cuando recibimos críticas tendemos a responder a la defensiva. Susana puede argumentar que ella está criticando el comportamiento de Nicolás y no a él como persona, pero como nuestro comportamiento es una extensión de lo que somos, para la mayoría de nosotros, incluido Nicolás, es difícil hacer tal distinción. En lo profundo de su interior, Nicolás decía: "No es justo que ella me rebaje así".

El tono de voz de Susana indicaba que ella también estaba muy enojada. Probablemente haya llegado a la conclusión de que Nicolás no va a hacer su parte de las tareas de la casa. El césped crece, mientras él se va a jugar golf; y él mira televisión, mientras ella lava los platos y saca la basura. Esa no es precisamente su idea de un esposo cariñoso.

Todas las parejas casadas experimentan enojo. Experimentar enojo no es malo en sí mismo. La tragedia es que miles de parejas nunca han aprendido a procesar productivamente el enojo. Por eso estallan con fuertes explosiones verbales que no hacen más que empeorar la situación, o sufren en un silencioso retraimiento mientras se evitan uno al otro. La mayoría de nosotros puede volver la mirada a nuestra propia niñez y recordar paseos familiares que no se dañaron por la lluvia sino por el enojo entre los padres. ¿Cuántas fiestas de cumpleaños se han estropeado por las rencillas y asperezas entre padres que aún no han aprendido a resolver su enojo? ¿Cuántos días de fiesta se han convertido en días de espanto a causa del enojo imperante?

Tristemente, la mayoría de los adultos casados nunca ha aprendido a manejar adecuadamente el enojo. El matrimonio se convierte en un campo de batalla donde cada cónyuge acusa al otro de haber hecho el primer disparo. Si los cónyuges no aprenden a manejar convenientemente su enojo, nunca tendrán un matrimonio satisfactorio. Digo "nunca" porque el amor y el enojo descontrolado no pueden coexistir. El amor procura el bienestar del cónyuge, mientras que el enojo descontrolado busca herir y destruir.

SEIS ESTRATEGIAS PARA EL MANEJO DEL ENOJO

La buena noticia es que las parejas pueden aprender a manejar el enojo con responsabilidad. De hecho, deben aprender para que puedan sobrevivir. No estoy sugiriendo que aprender a manejar el enojo sea un proceso fácil. Estoy sugiriendo que es necesario y que cualquier pareja puede tener éxito. Sobre la base de los principios para el manejo del enojo, descritos en el capítulo 3, a continuación sugiero una estrategia de seis pasos para el manejo del enojo en el matrimonio.

> **CUANDO NOS CONCEDEMOS MUTUAMENTE EL DERECHO A SENTIR ENOJO, NOS OTORGAMOS EL DERECHO A SER HUMANOS.**

Primero, *reconocer la realidad del enojo.* En el transcurso del matrimonio, cada uno de nosotros experimentará enojo de vez en cuando. Parte de este enojo será definido, provocado por una acción errónea por parte del cónyuge. Y parte de este enojo también será distorsionado, provocado por un malentendido con respecto a lo que sucedió. Cada uno de nosotros experimentará considerablemente ambos tipos de enojo. Esto es parte del ser humano y de la convivencia con otra persona.

Recuerde, el enojo no es pecaminoso, es más bien una evidencia de que aún nos interesa la rectitud y la justicia. Por ende, no tenemos que condenarnos a nosotros mismos o a la otra persona por experimentar enojo ni tampoco necesitamos negar que estemos enojados.

Cuando nos concedemos mutuamente el derecho a sentir enojo, nos estamos concediendo el derecho a ser humanos. Este es el punto de partida para aprender a procesar positivamente el enojo.

Segundo, *convenir en reconocer cada uno su enojo.* Cuando están enojados entre sí, cada cónyuge debe darle al otro el beneficio de saber qué está sintiendo. De otro modo, el cónyuge se ve obligado a adivinarlo basado en su comportamiento. Esos "juegos de adivinanzas" son una pérdida de tiempo y por lo general no conducen a resultados precisos. Si está enojado con su cónyuge, es porque él o ella ha hecho o dicho algo que considera inadecuado, o porque dejó de hacer o decir algo que esperaba de él o ella. En su mente, su cónyuge ha cometido una falta contra usted. Su pareja lo ha tratado injusta, desatenta o inadecuadamente. No percibe esa conducta como algo que ha sido motivado por el amor. En ese momento, el suceso —la acción inadecuada de su cónyuge— se ha convertido en una barrera entre los dos. Su cónyuge se merece saber esto, porque no puede trabajar en un problema del que no tiene conocimiento.

Cada uno de nosotros tiene derecho al beneficio de saber cuándo nuestro cónyuge está enojado y qué ha provocado su enojo. La pareja que se compromete a dar mutuamente esta información ha dado un paso crucial para resolver de manera productiva el enojo.

> **MUCHAS VECES ATRIBUIMOS MOTIVOS A NUESTRO CÓNYUGE QUE ESTÁN TOTALMENTE EQUIVOCADOS.**

Tercero, *convenir en que las explosiones verbales o físicas contra la otra persona no son respuestas adecuadas al enojo.* Esa manera de desahogarse a causa del enojo es siempre destructiva y no debe aceptarse como un comportamiento adecuado. Esto no significa que una vez que usted y su cónyuge lleguen a este acuerdo nunca más volverán a "salirse de las casillas"; sin embargo, sí implica que cuando lo hagan, estarán comprometidos a reconocer que tal reacción fue equivocada. Las expresiones explosivas de enojo siempre empeoran las cosas, y los escombros que quedan después de tales explosiones deben recogerse antes de poder tratar de manera constructiva el suceso que provocó originalmente el enojo.

Una manera práctica de quitarse esta costumbre negativa de explotar consiste en llegar a un acuerdo: siempre que alguno de los dos empiece a explotar, el otro puede salir del cuarto, y si aun lo sigue hasta allí, puede salir de la casa. Si el cónyuge sale gritando detrás de usted al patio, usted puede salir corriendo a la casa de un vecino o a dar una vuelta a la manzana. Si ambos se ponen de acuerdo en esta estrategia, entonces cada uno sabrá que, cuando el otro empieza a caminar o a huir, es tiempo de detenerse a reflexionar en lo que está sucediendo. Se espera que cuando el cónyuge regrese de la caminata o la huida, el que empezó a explotar se haya calmado y sea capaz de decir: "Lo siento. Me equivoqué al explotar contigo. Creo que me sentí tan herido y enojado que perdí el control. Lo lamento, perdóname, por favor". En ese momento, puede perdonar a su cónyuge por este lapso momentáneo y proceder a atender juntos el asunto que provocó originalmente el enojo.

Cuarto, *convenir en buscar una explicación antes de emitir juicios*. Cuando se enoja con su cónyuge, su primera impresión es que su conducta es errónea. Pero siempre debe tomar esto como algo tentativo hasta que escuche la otra versión de los hechos. Muchas veces interpretamos mal las palabras y acciones de nuestro cónyuge. Por ejemplo, él olvidó traer la leche aunque escribió una nota para recordarlo. Ella interpreta esto como una irresponsabilidad y se enoja. Pero bien podría ser que no hubiera leche en el mercado; que él tuviera que llevar a un compañero del trabajo a su casa desde la oficina y no le quedó tiempo para ir al mercado; o que supiera que ella no necesitaba la leche para la cena entonces había pensado en comprarla cuando recogiera a Liliana de sus clases de gimnasia. Si ella está comprometida a buscar una explicación, dejará pendiente el juicio de adjudicarle irresponsabilidad a su esposo como algo tentativo hasta que conozca la perspectiva de su cónyuge.

Omar pensó haber escuchado a su esposa decir por teléfono: "Él vino tarde, y yo no lo puedo soportar". Él se enojó porque había hecho todo lo posible para llegar a tiempo y solamente había llegado dos minutos tarde. Cuando pidió una explicación, descubrió que en realidad ella estaba hablando del bebé de una amiga que había nacido dos semanas más tarde de lo esperado. Si las acciones y las palabras son expuestas a malos entendidos, las motivaciones son aun más difíciles de discernir. Puesto que las motivaciones son internas, nunca podemos conocer los motivos de otra persona a no ser que nos lo expresen. Muchas veces atribuimos motivaciones a nuestro cónyuge que están totalmente equivocadas.

Víctor actuó con sabiduría cuando dijo:

—Es posible que realmente esté entendiendo mal la situación, y por eso te estoy pidiendo que me la expliques. Me parece que cargaste trescientos dólares a nuestra tarjeta de crédito en una tienda del centro comercial. Pensaba que nos habíamos puesto de acuerdo en que ninguno de los dos gastaría más de cien dólares sin consultar con el otro, hasta que tuviéramos todas nuestras deudas bajo control.

Él quedó sorprendido por la respuesta de Hilda:

—Mi amor, te lo puedo explicar. En nuestra sección del trabajo, decidimos comprarle a Rosa un regalo por su jubilación. Me pidieron que lo recogiera durante mi hora de almuerzo ya que me iba a encontrar con Lidia en el centro comercial. Por eso pagué todo con nuestra tarjeta de crédito, pero cada uno me había dado veinte dólares. Están en mi bolso. Creo que tengo trescientos dólares. Si es así, solo tengo que pagar el impuesto.

El enojo de Víctor fue desapareciendo a medida que contaba el dinero. Luego sonrió al pensar en cuál habría sido su respuesta seis meses atrás, antes de que ambos tomaran una clase de enriquecimiento matrimonial y aprendieran a procesar el enojo. Él podía visualizar su rostro enrojecido y el estallido de su voz contra Hilda por lo que había hecho.

—Realmente estoy progresando —dijo en voz alta.

—¿De qué estás hablando? —preguntó Hilda.

—Solamente estaba pensando en cómo habría respondido antes de que tomáramos ese curso para matrimonios —Víctor ahora sonreía—. Me habría puesto furioso y no te habría pedido una explicación. Luego me habría sentido muy tonto cuando me hubieras dicho lo que había sucedido. Prefiero bastante nuestro nuevo sistema.

Víctor e Hilda han aprendido el beneficio de pedir una explicación antes de emitir juicios definitivos.

Quinto, *convenir en buscar una resolución*. En el caso de Víctor e Hilda, el enojo de él se resolvió cuando recibió la explicación de ella. Obviamente no toda resolución de enojo es así de fácil. Supongamos que Hilda realmente hubiera quebrantado su compromiso al hacer una compra de trescientos dólares después de haber acordado con su esposo que no comprarían nada por más de cien, sin hablarlo antes entre ambos. Supongamos que su explicación hubiera sido:

—Pero cariño, estaba en oferta. Me ahorré doscientos dólares y, además, lo necesitamos. Creí que ibas a estar de acuerdo.

—Pues no estoy de acuerdo —contesta Víctor—. Sería muy bueno tenerlo, pero en realidad no lo necesitamos. Nos hemos arreglado bien sin eso y no podemos darnos el lujo de sumar trescientos dólares a nuestra deuda. Tenemos un convenio, y tú lo has quebrantado. Creo que eso estuvo mal.

—Me sorprende tu respuesta —contesta Hilda—. Realmente pensé que no te opondrías. Creí que lo querías tanto como yo.

—Sí lo quiero, cariño. Me gustaría tenerlo, pero no podemos costearlo. Ya nos pusimos de acuerdo en trazar esa línea en las compras, y creo que debemos someternos a los términos de nuestro convenio.

—Bueno, si tú insistes lo puedo devolver —dice Hilda—. No quiero hacerlo, pero lo voy a hacer.

—No es cuestión de no querer —dice Víctor.

Su voz es firme sin ser estruendosa. Está en control de sus sentimientos y ofrece una explicación.

—Me gustaría que nos quedáramos con él, pero la verdad es que en este momento no podemos. Ojalá pudiéramos, pero tú conoces nuestra situación tanto como yo.

—Está bien —dice ella—. Entonces lo voy a devolver.

—Bueno. Tú sabes que te amo y que algún día lo compraremos —añade Víctor mientras coloca su mano sobre el hombro de ella.

—Sé que me amas, y pensándolo bien fue una mala decisión. Me alegra que me ayudes a cumplir con mi parte del convenio.

Algunos se están preguntando: "¿Acaso eso no es extremadamente idealista?". Mi respuesta es: "No para parejas que han aprendido a procesar el enojo con responsabilidad y que están comprometidas a amarse mutuamente".

Sexto, *convenir en afirmarse el amor uno al otro*. Después de resolver el enojo, manifiéstense verbalmente el amor uno al otro.

Cuando usted le afirma su amor a la otra persona después de una discusión, le está diciendo: "No voy a permitir que este inconveniente nos separe". Como pareja, se han escuchado mutuamente, el asunto ha sido resuelto, han aprendido de la experiencia y a partir de allí pueden avanzar juntos.

En caso de haberse cometido una ofensa genuina, donde uno de los dos ha sido desatento, injusto o nada cariñoso, la resolución requiere confesión y arrepentimiento por parte de aquel que cometió la falta, y el perdón por parte del otro. El enojo desaparece cuando se ha completado este proceso y se ha cumplido su noble propósito al lograr que cada uno sea responsable de su propia conducta.

CUANDO USTED LE AFIRMA SU AMOR A LA OTRA PERSONA DESPUÉS DE UNA DISCUSIÓN, LE ESTÁ DICIENDO: "NO VOY A PERMITIR QUE ESTE INCONVENIENTE NOS SEPARE".

En el caso de un enojo distorsionado, donde este es provocado por una ofensa percibida como tal, que más tarde resulta haber sido un malentendido, la resolución viene como resultado de pedir una explicación y descubrir que la interpretación original de los sucesos fue errónea. La persona que no ha aprendido la diferencia entre enojo definido y enojo distorsionado supondrá que su enojo siempre es legítimo y que las acciones de la otra persona son siempre erradas. Tal suposición no permite que el enojo sea resuelto, y de hecho provocará resentimiento en el cónyuge que sabe que su enojo es distorsionado. Su insistencia estricta en tener la razón estimulará en su cónyuge un enojo que también necesitará resolverse.

Uno puede entender fácilmente cómo el enojo no resuelto puede ir creciendo como una bola de nieve hasta convertirse en un problema matrimonial que empeora cada vez más con el paso del tiempo. Hay pocas cosas más importantes para un matrimonio exitoso que aprender a resolver el enojo de una manera responsable.

Creo que un compromiso genuino con respecto a estos seis principios pondrá a cualquier pareja en la senda hacia el manejo productivo del enojo. Los matrimonios no tienen por qué ser destruidos por el enojo descontrolado. El cristiano debe dar la pauta en el aprendizaje del manejo responsable del enojo. Es mi deseo sincero que este libro ayude a miles de parejas para que puedan afrontar un problema prominente en los matrimonios cristianos. Si está casado, le animo a que realice un compromiso mutuo con su cónyuge para adoptar estos seis principios y empezar a ponerlos en práctica hoy mismo.

"¿TE PARECE BIEN QUE HABLEMOS AHORA?"

En mis esfuerzos para ayudar a las parejas a romper el hielo, con mucha frecuencia he sugerido el siguiente ejercicio. En una tarjeta rectangular, escriba las siguientes palabras:

> *"En este momento, estoy enojado; no te preocupes porque no voy a atacarte; pero sí necesito tu ayuda. ¿Te parece bien que hablemos ahora?".*

Coloque esta tarjeta en la puerta de la nevera o en algún otro lugar de fácil acceso. La próxima vez que se enoje con su cónyuge, busque rápidamente la tarjeta. Mientras la sostiene en su mano, léala para su cónyuge con la mayor calma posible. Si a su cónyuge no le parece bien hablar en ese momento, entonces establezcan una hora para sentarse a hablar. A la hora señalada, empiece el proceso de pedir una explicación y resolver el asunto que provocó su enojo. En este breve discurso escrito, ha reconocido que está enojado, ha afirmado su compromiso de no tener una reacción explosiva, y ha expresado su deseo de recibir una explicación y efectuar una resolución mediante el diálogo.

Cuando se siente a discutir el asunto, diga para comenzar: "Sé que es posible que esté entendiendo esto mal y por eso quise hablar contigo. Déjame decirte lo que estoy sintiendo y por qué. Después si me puedes aclarar la situación, por favor hazlo porque necesito ayuda para resolver esto". Este comienzo crea una atmósfera libre de amenazas, en la cual se puede discutir el suceso que provocó su enojo.

En todo matrimonio, el enojo hará sus visitas ocasionales por las razones discutidas a lo largo de este libro. Creo que el enojo es un amigo, no un enemigo. La pareja cristiana que entiende el origen y propósito del enojo también cuenta con la ayuda del Espíritu Santo para poner en práctica este procedimiento bíblico y disciplinado para la resolución del enojo de una manera constructiva. Esta lección es una de las más importantes que va a aprender en su vida y constituye un ingrediente esencial para un matrimonio exitoso.

CÓMO MANEJAR EL ENOJO HACIA SU CÓNYUGE

Aquí hay seis pasos para poder manejar el enojo que siente hacia su cónyuge. La mayoría de estos seis pasos deberían darse antes que llegue el enojo; de esta manera, cuando aparezca el enojo, ya existirá un plan acordado que puede ayudar a calmar y dirigir la discusión.

1. Reconocer la realidad del enojo. Bien sea que su enojo fuera legítimo y definido, o distorsionado, no se condene a sí mismo por experimentar enojo. Reconózcalo y admita su existencia, y recuerde que el enojo en sí mismo no es pecaminoso.
2. Convenir en reconocer mutuamente el enojo. Exprese claramente su sentimiento de enojo cuando este surja; no haga que su cónyuge tenga que adivinar basado en su conducta. Tanto usted como su cónyuge tienen derecho a saber cuándo el otro está enojado y por qué.
3. Convenir en que las explosiones verbales o físicas contra la otra persona no son respuestas adecuadas al enojo. Cualquier tipo de explosión siempre empeorará las cosas.
4. Convenir en buscar una explicación de la situación antes de emitir juicios. Recuerde que su primera impresión es solamente algo tentativo; algunas veces será imprecisa y

engañosa. Es fácil interpretar mal las palabras y acciones del cónyuge, de modo que usted debe escuchar su punto de vista. Él cónyuge puede suministrar información valiosa que no posee y que puede cambiar su manera de interpretar la situación.

5. Convenir en buscar una resolución. Con la información adicional del cónyuge y una perspectiva más amplia, los cónyuges estarán listos para encontrar una solución satisfactoria para ambos. Resolver los sentimientos de enojo puede que requiera la confesión y el arrepentimiento de la otra persona si la falta cometida es realmente válida y definida como tal, o el reconocimiento de que su enojo es inválido y quizás egoísta si el enojo es distorsionado. Puede que requiera incluso la confesión y pedir perdón de su parte si la falta fue cometida por usted. Sin importar cuál sea la causa, ambos deben trabajar juntos para alcanzar una reconciliación mutua.
6. Convenir en afirmarse su amor uno al otro. Después de haber resuelto el enojo, declárense verbalmente su amor uno al otro.

Estos seis principios para tratar con el enojo hacia su cónyuge son tan importantes que los he resumido en el "Repaso breve" al final de este capítulo. Tenga en mente una vez más que la mayor parte de estos seis pasos debería tener lugar antes que aparezca el enojo, para que, cuando este surja, usted tenga un plan que le ayude a dirigir la discusión. Con estos seis "convenios sobre el enojo" entre esposo y esposa, usted podrá disponer de una estrategia eficaz para resolver el enojo en el matrimonio.

Una advertencia de la Universidad Estatal de Ohio y de Harvard

Se han descubierto más pruebas de que el enojo puede ser peligroso para su salud. Un estudio de la Universidad Estatal de Ohio descubrió que treinta minutos de desacuerdo matrimonial pueden añadir un día —o más— al tiempo que lleva sanar una herida. Otro estudio de Harvard informó que los "viejos gruñones" —los hombres mayores que tienden al enojo explosivo— tienen tres veces más probabilidades de sufrir un ataque cardíaco que sus pares más serenos.

REPASO BREVE

Los convenios del enojo en el matrimonio

1. Reconozcan la realidad de su enojo, recuerden que el enojo en sí mismo no es pecaminoso.

2. Convengan en reconocer su propio enojo el uno al otro. Procure que su pareja no tenga que "adivinar" lo que usted está sintiendo.

3. Convengan en que las explosiones verbales o físicas contra la otra persona no son reacciones adecuadas al enojo; estas siempre empeorarán las cosas.

4. Convengan en pedir una explicación antes de sacar conclusiones. La otra parte podría suministrar una valiosa información faltante que podría cambiar su interpretación del asunto.

5. Convengan en buscar resolución y reconciliación. Con más información de su cónyuge y la perspectiva completa, estarán listos para encontrar una solución satisfactoria para ambos.

6. Convengan en afirmarse el amor uno al otro. Después que el conflicto se resuelva, declárense verbalmente su amor uno al otro.

No les enseñe a sus hijos a no enojarse;
enséñeles cómo enojarse sin pecar.

Lyman Abbott

CAPÍTULO 10

Cómo ayudar a mis hijos a manejar el **enojo**

RUT, UNA MADRE SOLTERA, está tratando de preparar el almuerzo del domingo. Mientras tanto, su hija Maribel de seis años y su hijo Gastón de ocho están jugando en la sala. Al menos Rut pensaba que estaban jugando; de repente, los sonidos se asemejan más a una batalla campal que a un juego. Cuando Rut entra a la sala, ve que Gastón está golpeando a su hermana en la espalda con un oso de peluche. Maribel empieza a llorar

—Ella se robó mi libro —dice Gastón.

—Yo no fui —insiste Maribel.

Rut agarra a Gastón por el brazo, le da una firme nalgada, y le dice: "Vete a tu cuarto y no salgas hasta que te llame". Luego se dirige a Maribel, y le dice:

—¿Cuántas veces te he dicho que no te metas con las cosas de tu hermano?

—Pero es que yo no fui —dice ella—. Solo estaba tratando de sentarme en el sofá para mirar la televisión, y él me pegó.

—No quiero escuchar nada —dice Rut—. Ni siquiera puedo preparar el almuerzo sin que los dos se peleen. Te vas a tu cuarto y te llamo cuando el almuerzo esté listo.

—Siempre me echas la culpa —dice Maribel mientras sale corriendo para su habitación.

En la cocina, Rut escucha que Maribel cierra la puerta de su cuarto de un portazo, y suspira. Rut sabe que podría haber manejado mejor el episodio, pero ¿cómo?

LA REALIDAD ES QUE TODOS LOS NIÑOS EXPERIMENTARÁN ENOJO.

Pocas responsabilidades paternales son más importantes que enseñar a los hijos a manejar su enojo de una manera constructiva. Sin embargo, muchos padres no se sienten preparados para enseñar acerca del manejo del enojo. Cuando observamos que nuestros hijos están presentando respuestas inadecuadas al enojo, muchas veces sentimos pánico y respondemos negativamente, y de esta manera perdemos la oportunidad de educar a nuestros hijos. Habiendo sido un padre presa del pánico, escribo este capítulo con gran empatía hacia los padres que aún siguen luchando con esta responsabilidad paternal.

La realidad es que todos los niños experimentarán enojo. No tenemos que enseñarles a experimentar enojo. Nuestra tarea consiste en enseñarles a manejar su enojo. Debido a la naturaleza de la relación entre padres e hijos, los padres son las personas más influyentes en el desarrollo del patrón de manejo de enojo en un niño. Esto debería animarnos, porque nos da la oportunidad de transmitirles a nuestros hijos habilidades para el manejo positivo del enojo. Por otra parte, esta puede ser una realidad estremecedora, porque si fallamos en este aspecto, nuestros hijos tendrán ciertas desventajas al entrar a su vida adulta.

Al hablar con padres de toda la nación, muchos de ellos están ansiosos de aprender cómo ayudar a sus hijos en este importante aspecto de su desarrollo. A continuación le presentaré los principios que he enseñado también a muchos padres en la oficina de consejería y en talleres de paternidad. Son fáciles de entender, pero no necesariamente fáciles de aplicar. Llevar estos principios a la práctica requerirá no solamente su mejor nivel de atención, sino también la ayuda del Espíritu Santo. La buena noticia es que cuando estamos procurando seguir los principios bíblicos, la ayuda del Espíritu siempre está a nuestra disposición.

EL FUNDAMENTO DEL AMOR

Permítame empezar con lo que creo que es fundamental: *enfóquese en satisfacer la necesidad de su hijo de recibir amor afectivo.* ¿Por qué estoy trayendo a consideración el tema del amor cuando estamos hablando acerca del enojo? Porque el amor es el fundamento para relaciones sanas entre padres e hijos. Si el hijo no se siente amado por sus padres, no solamente experimentará mayor enojo, sino que todos los esfuerzos por parte de sus padres para enseñarle tienen mayor probabilidad de ser rechazados. En el libro *Los 5 lenguajes del amor de los niños*, el cual escribí junto al psiquiatra Ross Campbell, hago énfasis en la importancia de suplir la necesidad de amor que tiene todo niño. Si el tanque de amor afectivo del niño no se llena con el amor de sus padres, ese mismo tanque vacío se convertirá en una causante de enojo. En lo profundo de su corazón, todo niño dice constantemente: *Se supone que los padres deben amar a sus hijos.* Si el niño no siente ese amor, sentirá que no lo están tratando bien, y eso dará lugar al enojo.

Los cinco lenguajes del amor —palabras de afirmación, calidad de tiempo juntos, regalos, actos de servicio y contacto físico— deben expresarse frecuentemente a los niños. Todo niño tiene un lenguaje de amor primario que le expresa claramente amor. Como padres, la manera más efectiva de amar a nuestros hijos es cuando descubrimos cuál es su lenguaje primario de amor y se lo expresamos con mayor frecuencia e intensidad que los otros cuatro.

Tales expresiones de amor deben ser incondicionales. Muchos padres sin darse cuenta, dan amor a sus hijos solamente cuando los hijos están de buen ánimo o hacen lo que los padres quieren. Estos padres creen que si se abstienen de expresarles amor, sus hijos harán lo que ellos quieran. Esto casi nunca sucede, y cuando es así, el niño casi siempre se está rebelando en su interior.

Los padres no tienen que ser complacidos por la conducta de los hijos para poder darles un abrazo, una palmada en la espalda o una mano en el hombro que le transmita afirmación. Un padre puede decirle a su hijo: "Jugaste muy bien en el partido de anoche", aunque su cuarto se parezca a una zona de desastre. Un papá puede llevar a su hijo a desayunar afuera para pasar un buen tiempo juntos, aunque el hijo no haya cumplido la orden de no jugar a la pelota en la sala y haya roto un jarrón. Una madre puede regalarle un vestido nuevo a su hija aunque esta no haya cumplido con su tarea.

LOS HIJOS QUE SIENTEN LA SEGURIDAD DEL AMOR DE SUS PADRES TIENEN MAYOR PROBABILIDAD DE TOMAR DECISIONES SABIAS EN LA VIDA.

"¿Pero acaso eso no hará que mis hijos se vuelvan irresponsables?", preguntan muchos padres. La respuesta es: "Esta clase de amor también enseña responsabilidad". Cuando el hijo percibe que usted lo ama y que ese amor no se basa en su conducta, es mucho más probable que responda positivamente a sus solicitudes o mandatos, y que lo haga sin rebelarse. Cuando usted ama a sus hijos incondicionalmente y mantiene lleno el tanque de amor, ya ha eliminado una de las principales y mayores causantes de enojo en niños y adolescentes.[1]

El mensaje que nuestros hijos necesitan escuchar y sentir es: "Te amo sin importar lo que hagas. No siempre me gusta o estoy de acuerdo con lo que haces, pero siempre te amaré". Los hijos que sienten la seguridad del amor de sus padres tienen mayor probabilidad de tomar decisiones sabias en la vida; y cuando toman malas decisiones, tienen más probabilidad de aprender de sus propios errores y corregir su conducta en el futuro. No hay nada más fundamental cuando se le enseña a un hijo a manejar su enojo que darle a ese hijo amor incondicional.

La necesidad de amor que tiene un niño es continua. El amor es como la alimentación, no puede almacenarse, necesita expresarse diariamente. No llenamos el tanque de amor de nuestros hijos y después nos vamos de vacaciones. El tanque de amor se vacía rápidamente, como ocurre con el estómago. El padre sabio descubrirá el lenguaje primario de amor de su hijo y le dará fuertes dosis de este todos los días, además de rociarlo regularmente con los otros cuatro.

Con este fundamento establecido, creo que existen tres métodos básicos por medio de los cuales enseñamos a nuestros hijos la manera de manejar positivamente su enojo.

"SIEMPRE NOS GRITAMOS UNO AL OTRO"

Julio y Graciela son los padres de Mauricio, de catorce años, y de Norma, de dieciocho años. Están sentados en mi oficina en una bella tarde de octubre. Nubes blancas se desplazan por el cielo azul de Carolina, y desde mi ventana se ven danzar en la brisa las radiantes hojas amarillas del otoño. Sin embargo, Julio y Graciela no están contemplando las nubes ni las hojas; sus ojos están fijos en la alfombra gris de mi consultorio. Julio empieza su relato:

—Doctor Chapman, sentimos que hemos fracasado con nuestro hijo. Nuestra hija nunca nos causó ningún tipo de problemas, pero siempre hemos tenido luchas con nuestro hijo. El problema principal es su enojo. Este año ha estado peor que nunca, tal vez porque ahora es un adolescente.

—Es como si no nos tuviera ningún respeto —añade Graciela—. Se la pasa gritándome todo el tiempo, todo lo que yo hago está mal. Y ahora le ha empezado a gritar a su padre. Necesitamos ayuda.

Con esa información, empecé un diálogo con los padres.

—¿Cómo respondes típicamente a los gritos y reproches de Mauricio? —le pregunté a Julio.

—Bueno, por lo general, estoy calmado y trato de escucharlo y hablar racionalmente con él. Pero al rato se vuelve tan ilógico, que pierdo el buen genio y termino gritándole. Sé que eso no está bien, pero es que no sé qué más puedo hacer.

—¿Cómo respondes tú? —le pregunté a Graciela.

—Siempre nos gritamos uno al otro —dijo ella—. Como no creo

que se le deba permitir a Mauricio hablarnos de esa manera, le grito; y cuando él se va, le grito a también a mi esposo y le digo que no debería dejar que Mauricio nos hable de esa manera. Estoy hecha un manojo de nervios. Tal vez, yo sea la que necesite ayuda.

Me sorprendió la franqueza de Graciela desde el principio de nuestra conversación. Podría decir que estaba desesperada y que no quería perder tiempo con rodeos. Ella sinceramente quería recibir ayuda.

—Me alegra que hayan venido. Creo que el primer paso es siempre acudir en busca de ayuda. Quiero asegurarles que muchas parejas han tenido que luchar con situaciones similares, y creo que hay respuestas. Pero quiero empezar por hacerles algunas preguntas que pueden parecer no estar relacionadas con la situación, pero pienso que nos ayudarán a obtener una perspectiva de las cosas, ¿está bien?

Ellos accedieron, y empecé por pedirle a Julio que recordara su niñez y me contara cómo manejaban sus padres el enojo en su relación.

—Mi padre era el que se enojaba —dijo—. No quiero decir que estuviera enojado todo el tiempo. Básicamente era un buen hombre, pero de vez en cuando se salía de las casillas y nos gritaba a mamá o a mí —afirmó.

—¿Y cómo respondían tu mamá y tú a sus gritos?

—Ella y yo nos quedábamos en silencio. Cuando papá empezaba a gritar, sabíamos que no era necesario responder. Creo que mamá había aprendido que eso solamente empeoraría el asunto. Así que si él subía el tono de voz, ella se quedaba callada y básicamente eso era lo que hacía. Papá refunfuñaba por un rato y luego salía de la habitación. Al día siguiente, actuaba como si nada hubiera ocurrido, el asunto nunca volvía a mencionarse. Afortunadamente esto no sucedió demasiadas veces, así que la mayor parte de mi niñez fue más bien tranquila y buena.

—¿Qué me dices de tu hogar, Graciela? ¿De qué manera manejaban tus padres el enojo?

Ella sonrió.

—Crecí en un hogar italiano —dijo—. Todos fuimos siempre muy chillones. Todo el mundo le gritaba a todo el mundo, pero cuando se terminaba, se terminaba. Nadie guardaba rencores, todos se desahogaban, y ese era el fin del asunto.

—Quiero hacer una observación —dije—. Julio, si mal no recuerdo, dijiste que, generalmente, en tu respuesta frente a Mauricio, tiendes a guardar silencio, pero que después de un rato pierdes el buen genio y también le gritas. ¿Estoy en lo correcto?

—Sí —dijo él mientras asentía con la cabeza.

—¿De modo que generalmente respondes a los gritos de Mauricio de la misma manera en la que tú y tu mamá respondían a los gritos de tu papá? ¿Eso es correcto?

—Sí, excepto que al final yo también empiezo a gritarle a Mauricio. Nunca hice eso con mi padre.

—Graciela, si te escuché correctamente, dijiste que Mauricio y tú siempre se han gritado mutuamente, lo cual se asemeja bastante a la situación que se vivía en tu hogar cuando eras niña.

—Sí, excepto que Mauricio nunca se detiene. Con él el asunto es de nunca acabar.

—La razón por la que hago esta pregunta —dije— es que la mayoría de nosotros aprendemos cómo manejar el enojo al observar a nuestros padres manejar su propio enojo. Generalmente, nos identificamos con el padre cuya personalidad es más similar a la nuestra. No te pregunté acerca de esto, Julio, pero me imagino que tu personalidad es más parecida a la de tu mamá que a la de tu papá, ¿es así?

—Definitivamente —respondió.

—De manera que tu respuesta básica al enojo es guardar silencio. Es únicamente cuando has sido empujado hasta el límite que explotas y te vuelves como tu padre. Tus padres tenían dos maneras distintas de manejar el enojo. Tu mamá se retraía en silencio, y tu padre gritaba y hacía reproches. Entonces, cuentas con dos modelos. Te has identificado más de cerca con el de tu mamá, pero en algunas ocasiones has respondido como tu padre.

"Graciela, aparentemente en tu casa, tus padres se gritaban uno al otro cuando estaban enojados. Esa era su manera de procesar su enojo. De modo que como adulta, ese es el método que generalmente sigues. La diferencia en tu matrimonio es, por supuesto, que la mayor parte del tiempo, Julio no grita en respuesta, sino que se queda en silencio, así que te desahogas verbalmente, mientras él se queda sentado en silencio".

—Sí, y eso me pone aún más furiosa —dijo Graciela—. Quisiera que él también me gritara.

—No obstante, si te entendí correctamente, no quieres que Mauricio te grite.

—Mauricio es diferente —dijo ella—. Él es mi hijo, no es mi esposo. Los hijos no deberían gritarles a sus padres.

—¿Tú les gritabas a tus padres? —pregunté.

Graciela se quedó callada por un instante.

—Sí —dijo—, me imagino que alguna vez lo hice.

Graciela y Julio están ilustrando el profundo efecto que tiene el modelo de los padres. Aprendieron ciertas respuestas de sus padres; ahora ellos están siendo modelo del "manejo del enojo" para su hijo.

Muchos padres pueden identificarse con Julio y Graciela. Con frecuencia los adultos no piensan conscientemente en su propio manejo del enojo hasta que observan la respuesta de sus hijos hacia este. Muchas veces los hijos reflejan como en un espejo lo que han aprendido de sus padres. Generalmente, como en el caso de Mauricio, los hijos responden al enojo de manera muy similar a como lo haría el padre, cuya personalidad se parece más a la de ellos. Puesto que Mauricio era un niño cuando Graciela se enojaba por su conducta y le expresaba su enojo con fuertes reproches, ahora Mauricio expresa su enojo de una manera similar.

Afortunadamente, los adultos pueden aprender a cambiar patrones destructivos y establecer modelos nuevos y más saludables para procesar su enojo. A través de varias sesiones, pude trabajar con Graciela y Julio, y los he ayudado a entender los conceptos que hemos expresado en este libro, al observar cómo aprendían a hablar de su enojo con el otro de una manera abierta, amorosa y no condenatoria. En su momento, Mauricio los observó hablar y escucharse uno al otro al plantearse los asuntos que provocaban su enojo. Él me dijo después: "Supe que estaba sucediendo algo extraño, pero no sabía qué era. Nunca los había escuchado hablar de una manera tan franca sin necesidad de gritar".

Más adelante, Graciela y Julio le dijeron a Mauricio lo que había ocurrido; se habían dado cuenta de que su modelo para manejar el enojo no era muy positivo y habían decidido acudir a una consejería; estaban aprendiendo nuevas formas de responder y reaccionar ante su propio enojo. Mauricio parecía complacido, aunque no dijo mucho en ese momento. No obstante, ellos supieron que él estaba captando el mensaje cuando una noche Graciela se estaba poniendo un poco tensa.

—Mamá, creo que necesitas ir por la tarjeta de ayuda y leérsela a papá —dijo Mauricio.

—Creo que tienes razón Mauricio, gracias —respondió Graciela.

Una noche, dos meses más tarde, quedaron realmente sorprendidos cuando Mauricio entró caminando a la habitación de ellos con la tarjeta, y dijo: "En este momento estoy muy enojado, pero no se preocupen, no los voy a atacar. Claro que sí necesito su ayuda, ¿les parece bien que hablemos ahora?". Ambos se echaron a reír. Mauricio sonrió, y dijo: "Oigan, es en serio, de verdad estoy enojado y necesito hablar con ustedes de esto". Ellos le dieron a Mauricio toda su atención y lo dejaron hablar.

ENSEÑE A SUS HIJOS CÓMO ENOJARSE

Los padres pueden también ejercer un papel activo en la *orientación* de los hijos cuando atraviesen sus propios episodios de enojo. Los padres reconocen que no se puede esperar que los hijos manejen el enojo de una forma madura hasta que se les haya enseñado a hacerlo. Así como se le debe enseñar a un niño a lavar platos, tender una cama y montar en bicicleta, también es necesario enseñarle a manejar el enojo.

Un niño tiene únicamente dos formas básicas para expresar el enojo: verbalmente y por medio de su conducta. Cada una de estas formas puede ser positiva o negativa. En el aspecto de la conducta, un niño puede expresar su enojo empujando, atropellando, golpeando, arrojando objetos, jalando el cabello o chocando su propia cabeza contra la pared. Obviamente, estas son respuestas negativas al enojo en el aspecto de la conducta. Por otra parte, salirse de la habitación, contar hasta cien en voz alta o salir a caminar fuera de la casa constituyen respuestas maduras al enojo a nivel del comportamiento, las cuales le permiten al niño tranquilizarse y procesar el enojo de una manera constructiva.

Por el lado de las respuestas verbales, el niño puede gritar y vociferar con frases condenatorias, puede insultar o decir malas palabras, todas las cuales son maneras muy destructivas de expresar el enojo. Por otra parte, el niño extremadamente maduro puede reconocer ante el padre que está enojado y solicitar una oportunidad para hablar de todas las cosas que le molestan. Esta es una manera muy positiva de expresar verbalmente el enojo. La tarea del padre consiste en acoger al niño en cualquier nivel en que se encuentre y ayudarle a progresar hacia maneras más constructivas de procesar su enojo.

Algunos padres tienen dificultad para aceptar las fallas y defectos de su hijo en su manera de manejar el enojo. Quieren que el niño sea maduro al manifestar su enojo y no están dispuestos a permitir que atraviesen las diferentes fases de inmadurez. El padre que dice: "Cállate. No me vas a hablar de esa manera. Nunca me vuelvas a levantar la voz, ¿entendido?" está esperando perfección del niño, y esta no es una actitud realista. De hecho, ese padre o madre está esperando del niño un nivel de madurez que él mismo o ella misma no ha alcanzado. Como me dijo una vez un joven: "Mis padres me gritan todo el tiempo para decirme que no les grite a ellos".

Si su hijo le está gritando enojado, ¡preste atención! Haga

preguntas con calma y deje que él exprese su enojo. Si hace las preguntas suficientes y adecuadas, y presta el máximo de atención, habrá más probabilidad de que su hijo baje el volumen de su voz. Concéntrese en la razón por la cual su hijo está enojado, no en la manera como lo está expresando. Procure entender qué es lo que él cree que es injusto o erróneo. Tal vez no esté de acuerdo con su percepción de las cosas, pero el propósito aquí es escuchar todo lo que tiene que decir. Si el niño cree que ha sido ofendido, el enojo no desaparecerá hasta que él sienta que usted ha escuchado y entendido su queja. Usted es el padre y tiene la última palabra sobre lo que se deba hacer, pero su hijo necesita sentir que usted piensa que sus sentimientos e ideas son importantes. No deje que el método que tiene el niño para transmitir su mensaje le impida a usted recibir el mensaje.

Después que ha tenido la "sesión de audiencia" con su hijo enojado, más tarde esa noche o al día siguiente usted podría decir: "Realmente aprecio que me hayas dado a conocer tu enojo con respecto a esa situación. Puede ser que no siempre estemos de acuerdo, pero quiero que sepas que yo siempre quiero estar al tanto de tus sentimientos. No soy un padre perfecto y algunas veces no tomo las mejores decisiones, pero realmente quiero hacer lo que sea mejor para ti. Espero que ambos podamos aprender a expresar nuestros sentimientos de una manera más calmada, pero sin importar cómo los expresemos, yo siempre quiero saber cómo te sientes y qué piensas".

Si el patrón que ha empleado ha sido un patrón de discusiones con su hijo, quizás pueda romper ese patrón y decir: "He estado pensando en nosotros y me he dado cuenta de que no he sido muy bueno para escucharte. Por lo general, cuando expresas de manera fuerte tus sentimientos, yo también termino exasperándome. Realmente quiero ser una persona que escuche atentamente, y en el futuro voy a tratar de hacer más preguntas y procurar entender realmente cuáles son tus sentimientos, porque de verdad valoro tus ideas y tus sentimientos".

A medida que los padres aprendan a escuchar mejor, sus hijos sentirán que son más comprendidos. Puede ser que su hijo siga sin estar de acuerdo con su decisión final, pero lo respetará porque lo ha tratado como una persona. Si escucha y hace preguntas tranquilamente, con el tiempo, sus hijos aprenderán a procesar su enojo en un tono de diálogo y conversación, y sus competencias de gritos serán cosa del pasado.

Si su hijo está presentando algunas de las respuestas negativas al enojo en el aspecto de la conducta, tales como empujar, patalear, atropellar y lanzar objetos, enfóquese primero en el enojo y secundariamente en el comportamiento. Tal vez podría decir: "Es obvio que estás muy enojado. Me gustaría escuchar qué es lo que te está molestando, pero no podemos hablar mientras estés alterado. ¿Te gustaría que saliéramos a caminar para que hablemos de esto?". Lo que está haciendo con esa manera de abordar la situación es reconocer la importancia del enojo de su hijo y expresar el deseo sincero de hablar de las cuestiones que influyen en su conducta, al mismo tiempo que reconoce de una manera afectuosa pero firme que usted no puede hablar hasta que se ponga fin a la conducta destructiva.

Muchas veces el enojo del padre es estimulado por la conducta del hijo, y reacciona contra él de una manera igualmente destructiva. Al final ambos se sienten mal con respecto a su conducta, pero sin hacer nada para resolver el asunto que provocó originalmente el enojo del hijo. Es obvio que el padre y el hijo tienen mucho que aprender acerca del manejo adecuado del enojo. No pretendo crear la impresión de que es fácil hacer lo que propongo. A los padres que nunca han aprendido a controlar su propio enojo les resulta difícil imaginar que puedan adoptar el procedimiento que sugiero. Pero tenga esto en cuenta:

- El niño es inmaduro porque aún es un niño. Todavía está en un proceso de crecimiento, de modo que su manejo del enojo no ha madurado.

- Los padres son mayores que el niño y por lo menos han tenido tiempo para ser más maduros. Si no hemos desarrollado una respuesta madura al enojo, al menos admitamos que ese es problema de nosotros y no de nuestros hijos.

Cuando los padres aprendamos a manejar nuestro propio enojo de una manera más saludable, estaremos en una mejor posición para orientar a nuestros hijos en el proceso de su enojo. Los niños necesitan desesperadamente nuestra orientación como padres.

> **"HE ESTADO PENSANDO EN NOSOTROS Y ME HE DADO CUENTA DE QUE NO HE SIDO MUY BUENO PARA ESCUCHARTE".**

Si los padres no escuchan las quejas del hijo y no procuran entender por qué se siente así, el niño va a interiorizar su enojo y se manifestará más adelante en su conducta. Los psicólogos llaman esto conducta pasivo-agresiva. El niño es pasivo exteriormente, pero en su interior el enojo está creciendo y, tarde o temprano, se expresará en conductas agresivas, tales como mal rendimiento académico, experimentación con drogas, actividad sexual, "olvidos" de hacer la tarea o algún otro comportamiento que el hijo sabe que disgustará a los padres. Si los padres entendieran el extremo peligro que implica la conducta pasivo-agresiva, harían todos los esfuerzos posibles para prestar atención a sus hijos cuando están enojados, escuchar cuidadosamente los asuntos en cuestión, procurar entenderlos y encontrar una resolución.

Esto no significa que el padre siempre deba hacer lo que el niño está pidiendo. El enojo del niño es muchas veces distorsionado; es decir que está fundamentado en una ofensa percibida y no en una ofensa definida. Una explicación por parte del padre puede traer como resultado la solución del asunto. Lo importante es que su hijo sienta que usted está auténticamente interesado en resolver el problema, y que su acción refleje su amor genuino hacia él.

Cada experiencia de enojo le suministra al padre una oportunidad para guiar al niño a superar el episodio de enojo, tratar los asuntos problemáticos y encontrar una solución. Cada vez que esto se hace, el niño va madurando cada vez más en la forma de expresar verbalmente su enojo. El niño tiene cada vez menos necesidad de gritar y patalear porque los padres le están prestando toda su atención, y él está seguro de que lo están escuchando. Esta clase de orientación para los hijos constituye una manera extremadamente efectiva para enseñarles a manejar el enojo con responsabilidad.

"DÉJAME DECIRTE QUE..."

La mayoría de los padres quieren dar instrucciones en algún momento dado. Quizá comiencen diciendo: "Déjame decirte algunas cosas que tienes que saber". No hay duda que la mayoría de los padres saben muchas cosas que sus hijos necesitan aprender, y la instrucción puede ser un método eficaz para transmitirlas. Se debe impartir instrucción. Pero asegúrese primero de haber establecido el fundamento del amor, porque ese amor incondicional constituye el ingrediente esencial para un suelo fértil donde pueda crecer el corazón de un niño. Si el corazón del niño no ha sido cultivado y regado con amor incondicional, modelos positivos y orientación amorosa por parte de sus padres, no es muy probable que germine y crezca la semilla de la instrucción. Sin embargo, si estos elementos se encuentran en su lugar y el corazón del niño ha sido cultivado, entonces la instrucción constituye un método excelente para enseñarle a un hijo la forma de manejar el enojo.

Existen muchos métodos y herramientas que los padres pueden emplear para impartir instrucción verbal a los niños sobre cuestiones relacionadas con el enojo. Dependiendo de la edad del niño, las siguientes formas son eficaces para ayudarle a un niño a entender y procesar constructivamente el enojo.

Para el niño pequeño, leer y comentar historias bíblicas que tratan el tema del enojo suministra un formato interesante en su instrucción. Historias tales como Caín y Abel, José y sus once hermanos, Jonás y su enojo hacia Dios, Jesús y su enojo hacia los cambistas en el templo, proveen conceptos clave para entender el enojo. También al leer la sabiduría que se encuentra en el libro de Proverbios, se obtiene instrucción por excelencia sobre la manera de manejar el enojo. Muchos de los proverbios se aplican práctica y específicamente al manejo del enojo.

Memorizar versículos clave de la Biblia es un método excelente para instruir a los niños. Considere los siguientes versículos del libro de los Proverbios de Salomón: "El necio da rienda suelta a toda su ira, mas el sabio al fin la sosiega... El hombre iracundo levanta contiendas, y el furioso muchas veces peca" (Pr. 29:11, 22). "El que fácilmente se enoja hará locuras... El que tarda en airarse es grande de entendimiento; mas el que es impaciente de espíritu enaltece la necedad" (14:17, 29). Escribir estos versículos en tarjetas y memorizarlos con sus hijos equivale a plantar semillas de sabiduría en la mente de ellos y en la suya también. Otro versículo muy importante que sus hijos deben memorizar es Efesios 4:26-27: "Airaos, pero no pequéis; no se ponga el sol sobre vuestro enojo, ni deis lugar al diablo".

Para niños mayores, leer y discutir este libro podría ser una forma excelente de impartir instrucción sobre la manera de entender y procesar el enojo. Alentar al niño para que escriba un breve ensayo sobre el tema del enojo es otra forma de instruir al respecto. Para esta búsqueda, además de leer libros sobre el tema y quizás buscar información en la Internet, también podrían realizarse entrevistas a padres y abuelos a fin de obtener conceptos sobre las causas del enojo y cómo procesarlo constructivamente. Este podría ser un proyecto emocionante para el hijo adolescente o el hijo mayor.

Las conversaciones informales también constituyen una forma excelente para que un padre instruya al hijo con relación al manejo de su enojo. Para el hijo mayor, una conversación abierta en la que se le permita hacer preguntas y comentarios podría servir como punto de partida, no solamente para hablar acerca del enojo como tópico generalizado, sino también para discutir la manera como han procesado el enojo en el pasado y qué cambios positivos podrían hacerse en el futuro. En esas conversaciones familiares, los padres podrían hacerle partícipe al hijo de sus propias luchas con el enojo cuando eran niños y también ahora como adultos y como pareja. Tal apertura por parte de los padres crea una atmósfera en la que el niño o adolescente puede expresar sus propias luchas y hacer preguntas.

Estas conversaciones pueden iniciarse fácilmente al hablar con el niño sobre algo que usted leyó hace poco. Por ejemplo: "El otro día estaba leyendo un artículo sobre el enojo. Decía que muchos padres no se dan cuenta de las muchas veces que se exasperan con sus hijos y les dicen cosas que realmente los lastiman; y encima de todo el padre nunca recuerda lo que dijo. Me estaba preguntando si esto me está pasando a mí". "Bueno mamá o papá, ya que lo mencionas...".

Cuando usted hace que su propio enojo sea el foco de la conversación y no el enojo de su hijo, hace más fácil que él responda positivamente y revele la percepción que tiene de usted y la manera como maneja su enojo. Estas conversaciones pueden ser considerablemente instructivas para un niño y también pueden resultar muy benéficas para los padres.

Al enseñar a nuestro hijo, es importante que no demos la impresión de que tenemos la respuesta definitiva a todas las cosas relacionadas con el enojo. El niño sabe que no es así después de haber vivido con usted varios años. Es mucho mejor ser franco y reconocer que todavía está en ese mismo proceso, que tiene el deseo de mejorar en el manejo de su enojo y que al mismo tiempo quiere entender las inquietudes del niño cuando está enojado. El niño por lo general está dispuesto a ser más abierto con sus padres, mientras ellos no asuman una actitud de sabelotodo.

Por lo general, los niños están dispuestos a perdonar nuestros fracasos en el manejo de nuestro propio enojo, si estamos dispuestos a confesarlos como tales. "Hijo, siento mucho haberme enojado así hoy por la tarde. No controlé muy bien mi enojo, la manera en que te hablé no fue afectuosa, y algunas cosas que dije no son realmente lo que siento. Quiero que sepas que reconozco que me equivoqué y le he pedido a Dios que me perdone; y quiero pedirte perdón a ti también". Una confesión así de sincera contribuirá mucho para crear una actitud de respeto en el corazón del niño. Los niños ya saben que lo que hicimos estuvo mal. Si no lo confesamos, disminuye su respeto hacia nosotros. Cuando lo confesamos, el respeto se restaura. Al manejar responsablemente nuestras fallas, no solamente estamos enseñando a los niños qué es lo que está bien y lo que está mal con respecto al enojo; también les estamos enseñando a confesar sus fallas cuando ellos no manejan bien su propio enojo.

Un modelo paternal positivo, una orientación paterna en amor y una instrucción no condenatoria constituyen, en mi opinión, las maneras más eficaces y poderosas de enseñar a sus hijos el manejo positivo del enojo.

Las peleas en la escuela secundaria

De acuerdo a SafeYouth.com, más de uno de cada tres estudiantes de secundaria, tanto masculinos como femeninos, han participado de una pelea física.

El enojo y el cabello

Cuando un maestro les preguntó a sus alumnos de seis años: "¿Cuál es la verdad más importante que han aprendido hasta aquí?", una niña respondió. "Cuando tu papá hace enojar a tu mamá, ¡nunca dejes que ella te peine el cabello!".

REPASO BREVE

Cómo ayudar a mis hijos a manejar el enojo

1. Sea modelo de una conducta positiva. Sus hijos están observando cómo maneja usted su enojo y lo imitarán. Los padres que exhiben cambios positivos hacia su propio enojo pronto verán a sus hijos mejorar en la manera de manejar su enojo personal.

2. Oriente a sus hijos a través de sus episodios de enojo. Escúchelos, tome sus sentimientos en serio, pero ayúdelos a tratar con los problemas y encuentre una solución. Como padre, usted tiene la palabra final sobre lo que se debe hacer, pero su hijo necesita sentir que sus sentimientos e ideas son importantes para usted.

3. Imparta instrucciones fundamentadas en el amor incondicional, en un ejemplo positivo y en una orientación amorosa.

Más bien quisiera hablar con el Todopoderoso;
me gustaría discutir mi caso con Dios.

Job 13:3 (nvi)

CAPÍTULO 11

Cuando estoy **enojado** con Dios

MATILDE YA HABÍA superado la etapa del llanto cuando llegó a mi oficina, pero estaba que ardía de la ira. Silvina, su hija mayor y única hija mujer, había muerto hacía tres meses por culpa de un conductor ebrio. La consternación, el daño y el dolor sin alivio le habían resultado casi insoportables. Habiendo salido de la abrumadora conmoción y regresado al mundo de la penosa realidad, estaba de duelo por su trágica pérdida, y su pérdida estaba agravada por su enojo.

El enojo y la aflicción, muchas veces, son compañeros en situaciones así. Matilde estaba enojada con el conductor ebrio que mató a su hija. Estaba enojada con el sistema judicial que lo dejó en libertad para salir otra vez a la carretera después de tres sentencias por conducir bajo la influencia del alcohol, y estaba enojada con su esposo, de quien se había separado, y quien le había comprado ese "autito" a Silvina. "Ella no tenía ninguna probabilidad de sobrevivir en ese autito —decía Matilde—. Era una trampa mortal".

Mientras seguía escuchando a Matilde expresar sus pensamientos y sentimientos, sentí una profunda compasión. También supe que el hecho de que Matilde hablara conmigo era un paso positivo para que pudiera procesar su dolor y su enojo. Con el deseo de descubrir el foco de su enojo y al saber que Matilde era una cristiana profundamente comprometida, le pregunté:

—¿Cuáles son tus sentimientos hacia Dios en todo esto?

—Detesto decir esto, doctor Chapman, pero para ser sincera, en este momento estoy furiosa con Dios. Siento como si me hubiera abandonado. Él pudo haber salvado la vida de Silvina. Ella era muy joven y talentosa. ¿Por qué querría Dios permitir esto? No lo entiendo.

Los cristianos experimentan frecuentemente enojo hacia Dios cuando se ven enfrentados a tragedias. Muchas veces, cuanto más fuerte sea el compromiso del cristiano, más intenso será el enojo de la persona hacia Dios. Como Matilde dijo luego: "He tratado de vivir para Dios y serle fiel. ¿Por qué dejaría Él que esto me pasara a mí?".

Matilde estaba experimentando lo que Job debió haber experimentado, ya que él era también "un varón perfecto y recto" (véase Job 1:8—2:3). Cuando Dios permitió que Job perdiera toda su riqueza, su familia y su salud, el varón perfecto y recto sintió un intenso enojo hacia Dios. Job dijo: "Me ha entregado Dios al mentiroso, y en las manos de los impíos me hizo caer" (16:11). Job había perdido su deseo de vivir. "Mas los años contados vendrán, y yo iré por el camino de donde no volveré" (v. 22). "Mi aliento se agota, se acortan mis días, y me está preparado el sepulcro... Pasaron mis días, fueron arrancados mis pensamientos, los designios de mi corazón" (17:1, 11). Job no entendía, igual que Matilde, por qué Dios permitiría una tragedia así en su vida, y era claro que él estaba enojado con Dios.

CÓMO SE SIENTE DIOS CUANDO NOS ENOJAMOS

Cuando miramos a Job y otros ejemplos bíblicos de personas que se enojaron con Dios, es claro que Él no condenó tal enojo. Más bien, entró en un diálogo con estas personas y les ayudó a desenvolverse en medio de su enojo y a superarlo. Sin embargo, esto no significa que Dios siempre diera una explicación completa de por qué le suceden cosas malas a las personas buenas. El libro de Job es un extenso discurso entre Job y sus "amigos", y entre Job y Dios. Sus amigos fundamentalmente lo acusaban de haber hecho algo malo e insistían en que la tragedia sufrida era el juicio de Dios por su pecado. Job les reiteraba una y otra vez que ese no era el caso.

Después de escuchar con una actitud comprensiva las expresiones de enojo de Job, la respuesta de Dios no fue de condenación. Dios le recordó a Job que los caminos de Él no siempre son comprensibles para los hombres. Le recordó a Job que Él es el Creador y Sustentador Todopoderoso de todo lo que existe, y que en el análisis final Él es un Dios de justicia en quien se puede confiar absolutamente.[1] Al final, Dios expresó su propio enojo hacia los amigos de Job por haberlo condenado, y los exhortó a que se arrepintieran de su mala acción y le pidieran a Job que intercediera por ellos. "... mi siervo Job orará por vosotros; porque de cierto a él atenderé para no trataros afrentosamente, por cuanto no habéis hablado de mí con rectitud, como mi siervo Job" (Job 42:8).

La respuesta definitiva de Job fue confiar en Dios, aunque no entendiera todas las cosas. Por medio de esta experiencia, la relación de Job con Dios se fortaleció y profundizó. En sus propias palabras: "De oídas te había oído; mas ahora mis ojos te ven" (v. 5). Las Escrituras indican más adelante que "...bendijo Jehová el postrer estado de Job más que el primero..." (v. 12).

"¿POR QUÉ DIOS NO HIZO NADA?"

Es claro que Dios es compasivo y comprensivo con su pueblo cuando está pasando por tiempos de aflicción y enojo. Él está totalmente dispuesto a escuchar nuestras expresiones de enojo y prestarnos atención cuando derramemos todo nuestro dolor ante Él. No es pecado sentirse enojado con Dios. Es humano. Tenemos interés por la justicia y la rectitud, así que cuando nos encontramos frente a lo que percibimos como un suceso injusto, experimentamos ira y enojo. Sabiendo que Dios es Todopoderoso y pudo haber impedido tales sucesos, muchas veces nos enojamos con Él. "¿Por qué Dios no hizo nada?". Es una pregunta que se hacen muchas veces los cristianos en su sufrimiento. Teológicamente, sabemos que Dios no falla, pero emocionalmente experimentamos enojo.

Cuando reflexiono en esta pregunta, hay dos alternativas que me vienen a la mente, y es claro que Dios *puede* hacer algo al respecto. En primer lugar, Dios podría exterminar a todas las personas pecadoras y, de este modo, eliminar todo el dolor causado por sus actos pecaminosos. Sin embargo, esto acabaría con toda la raza humana, porque la Biblia dice: "...todos pecaron..." (Ro. 3:23). La segunda posibilidad sería que Dios podría intervenir y obstaculizar milagrosamente las consecuencias de toda maldad. Dios podría impedir que todas las bombas explotaran, detener todos los vehículos conducidos por personas ebrias, eliminar todos los gérmenes y virus, calmar todas las tormentas, extinguir todos los incendios tan pronto como se encendiera la primera chispa, hacer desaparecer todas las balas, dejar mudos a todos los que empezaran a decir palabras ofensivas, traer ceguera temporal a todos los acosadores obsesivos y a los que miran con lujuria. Mientras que todo esto pueda sonar como algo ideal, equivale a eliminar la libertad del ser humano y convertirlo en un autómata programado únicamente para hacer buenas acciones. Es obvio que Dios valora la libertad, y ser libre implica tener la opción de desobedecer tanto como de obedecer. No puede haber libertad sin la posibilidad de que exista la maldad, y la maldad siempre tiene consecuencias negativas.

EL LLAMADO DE DIOS ES A CONFIAR EN ÉL EN MEDIO DE LA OSCURIDAD, ASÍ COMO CONFIAMOS EN ÉL CUANDO ESTAMOS EN LA LUZ.

Además de las injusticias causadas por la maldad, los cristianos luchan frecuentemente con las aparentes arbitrariedades personales que tienen que soportar. "¿Por qué murió mi hijo de cáncer cuando otros menos buenos que él siguen vivos? ¿Por qué murió mi cónyuge a una edad temprana cuando mi vecino impío sigue con vida? ¿Por qué Dios no cuida mejor de sus hijos?". Tales preguntas nos recuerdan que tenemos una perspectiva limitada de la realidad. Aunque la Biblia nos dice algo acerca de la perspectiva de Dios, no nos revela todos sus planes. Pedro nos cuenta que las pruebas y tribulaciones que nos traen aflicción pueden ser usadas para refinar y depurar nuestra fe. Pablo dice que Dios hace que todas las cosas obren para bien y, que por medio de toda experiencia, Él está buscando hacernos más semejantes a Cristo. Santiago señala que nuestras dificultades nos conducen a la madurez. Jesús dijo que algunas veces nuestras dificultades tienen el propósito de que los demás puedan ver la obra de Dios en nuestra vida (véase 1 P. 1:5-7; Ro. 8:28-29; Stg. 1:2-4; Jn. 9:1-3).

Aunque todos estos propósitos positivos son ciertos, siguen sin responder todas las preguntas que atraviesan nuestra mente cuando nos vemos enfrentados a las pérdidas y aflicciones personales. El llamado de Dios es a confiar en Él en medio de la oscuridad, así como confiamos en Él cuando estamos en la luz. Él no ha cambiado en nada, aunque nuestras circunstancias hayan sido dolorosamente alteradas.

¿CÓMO MANEJAR NUESTRO ENOJO HACIA DIOS?

El problema con nuestro enojo hacia Dios no es el enojo en sí mismo, sino cómo manejarlo. Podríamos parafrasear las palabras de Pablo en Efesios 4:26 y decir: "Airaos con Dios, pero no pequéis". Su enojo con Dios es enojo distorsionado. Dios no ha cometido ninguna falta contra usted, pero sus sentimientos constituyen un verdadero enojo. De hecho, su enojo no es una opción. El enojo fue su respuesta a una situación que le trajo un gran dolor, y que, según usted, Dios pudo haber evitado. Por eso, usted piensa que Dios lo ha tratado injustamente. El enojo es la respuesta humana normal cuando nos encontramos frente a lo que percibimos como una injusticia. Dios nos creó con esta capacidad para enojarnos. Sin embargo, lo que *hagamos* con nuestro enojo es responsabilidad de nosotros. Aquí es donde ejercemos la libertad humana con que Dios nos ha dotado.

El primer paso para manejar responsablemente nuestro enojo hacia Dios *es presentarlo ante Él.* Usted no tiene por qué avergonzarse de su enojo, puesto que es una evidencia de su interés en la justicia. Puede expresarle libremente a Dios su percepción de las cosas. No tiene que preocuparse de "herir sus sentimientos" ni tampoco va a provocarlo a ira. Usted es su hijo, y Él desea participar con usted de todos los aspectos de la vida. Su enojo no lo va a tomar por sorpresa, Él sabe lo que usted está experimentando y quiere que le exprese sus pensamientos y sus sentimientos.

"BASTA YA, OH JEHOVÁ": LA HISTORIA DE ELÍAS

Más allá de Job, la Biblia relata muchas historias de personas que expresaron enojo hacia Dios; tales como el gran profeta Elías. En 1 Reyes 18—19, encontramos que el profeta Elías había confrontado al rey Acab con su pecado y había retado a los profetas de Baal a una "apuesta". Elías había visto la demostración del poder sobrenatural de Dios cuando cayó fuego del cielo y consumió el sacrificio al invocar su nombre. El pueblo aclamó: "¡Jehová es el Dios, Jehová es el Dios!" (1 R. 18:39). Los profetas de Baal fueron destruidos, y Dios —y Elías— experimentó una gran victoria.

Pero la fortuna de Elías cambió rápidamente. Al día siguiente, la reina Jezabel mandó avisar a Elías que, en el término de veinticuatro horas, ella se aseguraría personalmente de que él muriera. Elías tuvo miedo y huyó por su vida. La palabra *enojo* no se emplea en el texto bíblico, pero su presencia se hace evidente en la oración de Elías: "Basta ya, oh Jehová, quítame la vida, pues no soy yo mejor que mis padres" (1 R. 19:4).

Después de su oración desesperada, Elías se quedó dormido. Más tarde, un ángel lo despertó y le dijo simplemente: "Levántate, come. Entonces él miró, y he aquí a su cabecera una torta cocida sobre las ascuas, y una vasija de agua" (vv. 5-6). Después de comer y beber un poco, Elías se durmió otra vez, y el ángel fue y lo despertó por segunda vez diciéndole: "Levántate y come, porque largo camino te resta" (v. 7). Fortalecido por la comida, Elías viajó durante cuarenta días hasta llegar a "Horeb, el monte de Dios. Y allí se metió en una cueva, donde pasó la noche" (vv. 8-9).

Cuando Elías estuvo totalmente repuesto por la comida y el

descanso, Dios entabló una conversación con él acerca de su condición emocional. La respuesta de Elías fue: "He sentido un vivo celo por Jehová Dios de los ejércitos; porque los hijos de Israel han dejado tu pacto, han derribado tus altares, y han matado a espada a tus profetas; y sólo yo he quedado, y me buscan para quitarme la vida" (v. 10). La reacción del Señor no fue discutir con Elías, sino más bien le dijo que saliera de la cueva y observara desde el costado de la montaña. Elías vio un poderoso viento que rompía los montes, un terremoto y después un fuego, pero en ninguno de estos pudo ver Elías a Dios. "Y tras el fuego un silbo apacible y delicado. Y cuando lo oyó Elías, cubrió su rostro con su manto, y salió, y se puso a la puerta de la cueva" (vv. 12-13).

DIOS ES NUESTRO PADRE COMPASIVO Y QUIERE ESCUCHAR NUESTRAS QUEJAS.

A continuación Dios inició otro diálogo con Elías. Elías repitió su oración y expresó su decepción porque, a pesar de todo lo que él había hecho por Dios, ahora lo estaban persiguiendo para asesinarlo. La respuesta de Dios parecería extraña para algunos. Él mandó a Elías que ungiera a un nuevo rey sobre Siria (Hazael), a un nuevo rey sobre Israel (Jehú) y a un profeta que le sucediera (Eliseo). Dios le dijo a Elías que estos líderes se encargarían de aquellos que se le oponían. Dios también le dijo que él no era el único que le rendía culto en Israel, porque la verdad era que había un remanente de siete mil que habían permanecido fieles a Dios. Elías aceptó el nuevo encargo de Dios, se levantó y empezó su recorrido.

Vemos en esta historia el valor de hablar con Dios de nuestro enojo. Dios es nuestro Padre compasivo y quiere escuchar nuestras quejas. Al mismo tiempo, también es el Dios soberano que nunca falla. Él nos ayudará a entender su perspectiva con respecto a nuestra situación actual como lo hizo con Elías, o también es posible que sin ninguna explicación, simplemente nos pida que confiemos en Él como lo hizo con su siervo Job.

Elías ilustra el segundo paso en el procesamiento de nuestro enojo con Dios: *escuchar el mensaje de Dios*. Después de haberle expresado nuestras inquietudes sinceras a Dios, nos encontramos en posición de escuchar su "silbo apacible y delicado", el cual puede llegar a veces por medio de un amigo cristiano de confianza o por medio del sermón predicado por un pastor fiel. Puede llegar mediante la lectura de un libro cristiano, escrito por un creyente que ha recorrido una senda similar a la nuestra. La Palabra de Dios puede llegar a través de la letra de un antiguo himno o de una canción contemporánea, así como en nuestros tiempos personales para leer las Escrituras. Siempre que Dios habla, sabrá que es su voz, si el mensaje que recibe es consecuente con las Escrituras. Escuchamos su voz, buscamos lo bueno que pueda resultar tras esta situación dolorosa y procuramos crecer en nuestra semejanza a Cristo.

En el análisis final, debemos aceptar lo que ha sucedido en nuestra vida y decidir creer que, aunque no lo entendamos, Dios lo usará para cumplir sus buenos propósitos con nosotros. La propia Palabra de Dios y su carácter mismo, como un Dios sabio y soberano, son el mejor indicativo de que así lo hará. El acto de escuchar no siempre nos lleva a entender, pero sí nos conduce a aceptar nuestra situación sin resentimientos hacia Dios.

Esta fase de aceptación puede venir rápidamente o puede tomar semanas, incluso meses. Pero para el creyente que le manifiesta con sinceridad su enojo a Dios, tarde o temprano "la paz de Dios, que sobrepasa todo entendimiento" quedará firmemente arraigada en el corazón y los pensamientos del creyente (Fil. 4:7).

Con esta paz, viene la plena seguridad de que nuestra vida está en las manos de un Dios amoroso, de que lo ocurrido no quiere decir que Él nos haya abandonado. Más bien, que se conmueve por los sentimientos de dolor que experimentamos e incluso puede interpretar nuestro enojo como una expresión de nuestro amor por Él. Después de todo, ¿por qué habría de enojarme si no creyera que Él me ama y quiere lo mejor para mí?

Después que la paz de la aceptación se afianza en nosotros, llega un tercer paso: *nos presentamos para el servicio, a fin de recibir la siguiente tarea que Dios nos tiene asignada.* Mientras estemos con vida, Dios seguirá teniendo planes para con nosotros. Aunque Elías quería morir, Dios aún tenía reyes a quienes él debía ungir. Es posible que usted esté enfermo, desanimado, decepcionado y profundamente dolido, pero Dios sigue teniendo planes para con su vida, y todos esos planes son buenos. "Porque yo sé los pensamientos que tengo acerca de vosotros, dice Jehová, pensamientos de paz, y no de mal, para daros el fin que esperáis" (Jer. 29:11). El hecho de que nos levantemos de nuestra postración para empezar a hacer lo que Dios nos ha concedido hacer no quiere decir que nuestro dolor se haya esfumado. Significa que nuestro enojo ya no es una barrera entre nosotros y Dios.

Matilde, cuyo caso conocimos al principio de este capítulo, estuvo en mi oficina hace más de quince años. Hoy día, como lo ha hecho durante mucho tiempo, sigue enseñando un estudio bíblico para damas. Sus clases siempre están llenas. "Ella realmente ha experimentado lo que enseña" —dijo una de las damas. Matilde reconoce con toda libertad que su vida ha sido grandemente enriquecida a partir de la pérdida de su única hija. Ella no busca encubrir su dolor, y reconoce cabalmente que piensa a diario en su Silvina y se pregunta cómo habría sido su vida si hubiera seguido viva.

Matilde tiene muchas preguntas sin responder, pero está dispuesta a esperar para obtener las respuestas. Mientras tanto, ella ha decidido creer que Dios sigue obrando, aun en medio de las experiencias más dolorosas de la vida.

¿CAÍN O ELÍAS?

Elías pudo manejar su enojo con Dios y proseguir con su vida. Por el contrario, Caín perdurará para siempre como el primer ejemplo de cómo no responder al enojo. Caín engañó a su hermano Abel al decirle que fuera a un campo apartado, y allí lo mató. Dios responsabilizó a Caín por su actitud pecaminosa. La vida de Caín prosiguió durante muchos años, pero quedó manchada por el acto que cometió motivado por un enojo distorsionado hacia Dios.

Todo cristiano que está enojado con Dios seguirá uno de los dos ejemplos, el de Caín o el de Elías. Si seguimos el ejemplo de Caín, nos estaremos rindiendo a nuestros impulsos pecaminosos y al enojo descontrolado, lo cual hará más difícil y mortificante nuestra vida. Si seguimos el ejemplo de Elías, le expresaremos sinceramente a Dios nuestro enojo hacia Él, pero también escucharemos el "silbo apacible y delicado" que proviene de Dios. Sin importar si entendemos mucho o poco, decidiremos confiar en Dios, pues sabemos que Él mismo conoce el dolor.

Para el cristiano que aprende a procesar constructivamente su enojo hacia Dios, el futuro tiene esperanza a pesar del dolor presente. Para muchos creyentes, su historia personal repetirá como la historia de Job: "bendijo Jehová el postrer estado de Job más que el primero" (Job 42:12). Al igual que Matilde y Job, recibiremos la bendición de Dios, y Él nos usará en gran manera.

REPASO BREVE

Cuando estoy enojado con Dios

1. Háblele de su enojo a Dios. Exprésele libremente sus sentimientos. Como nuestro Padre compasivo, Dios quiere escuchar nuestras quejas. Al mismo tiempo, como nuestro Señor soberano, nos ayudará a entender su perspectiva de nuestra situación o nos pedirá simplemente que confiemos en Él.

2. Préstele atención a los medios que Dios podría usar para hablarle. El "silbo apacible y delicado" de Dios podría llegarnos por medio de un amigo cristiano de confianza, el sermón de un pastor, un libro o un suceso. Otras veces, su propósito o simplemente su paz llegarán a través de la música, la oración o la lectura de su Palabra. Cualquiera sea la forma en que llegue, usted sabrá que es el "silbo" de Dios si el mensaje que recibe es consecuente con las Escrituras.

3. Preséntese para el servicio. Mientras estemos con vida, Dios seguirá teniendo una "esperanza y un futuro" para nosotros, un propósito por el cual podamos llevar a cabo sus buenos planes.

Fácilmente podrá dar paz a los demás el que esté en paz consigo mismo.

Tomás de Kempis

CAPÍTULO 12

Cuando estoy **enojado** conmigo mismo

La radio anuncia una temperatura de veinte grados centígrados a las ocho de la mañana, y Bruno decide que es un día perfecto para reparar la escalera que conduce a la terraza del fondo de su casa. En quince minutos, Bruno ya está afuera con martillo en mano. Un minuto más tarde, se golpea el dedo pulgar con el martillo.

El intenso dolor físico es seguido por un intenso enojo consigo mismo. *¡Qué tonto! ¿Por qué dejé el dedo sobre ese clavo? Debí haber contratado a un carpintero para hacer esto. Yo sé que no soy bueno para hacer estas cosas.*

¿Qué está experimentando Bruno ese sábado de verano? Enojo consigo mismo. Cree que el dolor de su dedo, que ahora se está propagando por todo el brazo hasta sentirse mareado, se debe a su propio descuido. Su enojo crece hasta llegar a la conclusión de que tomó una mala decisión al tratar de reparar la escalera por sí mismo. *Fui un imprudente. Fui un tonto. Me equivoqué.*

Carmen ha estado lidiando con su nuevo trabajo que le exige viajar mucho. Su amiga Rosana la llamó a su teléfono celular varias veces y le dejó mensajes para ver si se podían encontrar. Carmen trata de posponer la respuesta a las llamadas telefónicas de Rosana. Cuánto más la pospone, más culpable se siente, especialmente porque Rosana está luchando para conseguir un empleo. Después de una semana, Rosana deja de llamar. Carmen está enojada consigo misma. (*¡Qué mala amiga soy!* —piensa Carmen). Quisiera volver a comunicarse con Rosana, pero no sabe cómo.

De vez en cuando, la mayoría de las personas se enoja consigo misma. Por lo general, se debe a que percibimos que hemos hecho algo mal: fuimos imprudentes, necios o irresponsables. Cuando nos encontramos en medio del acaloramiento propio de este enojo, todos nuestros pensamientos son de autocondenación. Como en el caso de Carmen, el enojo a veces viene acompañado de culpa y vergüenza.

Como hemos notado a lo largo de este libro, el enojo es una respuesta emocional y física de disgusto intenso cuando nos encontramos ante alguien o algo que percibimos como erróneo, inaceptable o injusto. Cuando experimentamos enojo hacia nosotros mismos, es porque percibimos que somos los culpables de la falta, el error, la ofensa, la injusticia o, como en el caso de Bruno, la imprudencia.

"YO SÉ QUE PUEDO HACERLO MUCHO MEJOR"

A menudo, cuando no vivimos a la altura de nuestras propias expectativas, se puede originar el enojo enfocado en uno mismo. Andrés era un joven empresario, una persona laboriosa que se podía considerar un trabajador estrella en la empresa. Pero un martes por la noche, su esposa Gloria vio que estaba deprimido y se condenaba a sí mismo. "No puedo creer que no haya incluido uno de los elementos más importantes en mi informe. Cuando mi colega lo mencionó, era demasiado obvio; no puedo creer que lo haya pasado por alto. Quedé como un tonto, y para colmo, el vicepresidente de la compañía estaba presente. Él nunca asiste a estas reuniones. La verdad es que no lo puedo creer".

Margarita, por lo general, llega a casa después del ensayo del coro con buen ánimo y entusiasmada, pero esa noche Daniel notó que se encontraba callada y esquiva.

—¿Cómo estuvo el ensayo del coro? —le preguntó.

—Fue pésimo —dijo ella—. No sé para qué ensayé tanto para ese solo. Nunca debí haberme presentado para la audición, mi voz sonó terrible. Estoy segura de que puedo hacerlo mucho mejor, no sé qué me pasó. Mi voz estaba muy tensa y sonaba como el alarido de una lechuza.

Andrés y Margarita están experimentando enojo hacia ellos mismos debido a que su desempeño no estuvo a la altura de lo que ellos saben que son capaces de hacer. Piensan que es inexcusable no haber hecho lo que saben que son capaces de hacer. Por lo tanto, están enojados consigo mismos a causa de su bajo rendimiento.

> **ALGUNAS VECES NOS REVOLCAMOS EN NUESTRA PROPIA CULPA Y FIJAMOS NUESTRO ENOJO HACIA DENTRO.**

La mayoría de nosotros a veces actúa con imprudencia o necedad. Cuando estos actos resultan en consecuencias perjudiciales, tendemos a enojarnos con nosotros mismos por nuestra ineptitud o imprudencia.

Javier iba conduciendo por el carril de baja velocidad de una autopista en el auto nuevo que acababa de comprar. Estaba tratando de encontrar los botones para activar el sonido y escuchar un disco compacto, cuando de repente chocó por detrás a una camioneta que iba muy despacio. Estaba furioso consigo mismo. *¡No puedo creer que haya hecho esto! Siempre le he enseñado a mi hijo que nunca se distraiga con la radio cuando está conduciendo. Le he dicho cientos de veces: "Mantén los ojos en la carretera", ¡y ahora yo hago una tontería como esta!*

Quizá el aspecto que genera el enojo más intenso en el cristiano se constituye cuando transgredimos nuestros propios valores que afirmamos con vehemencia. El esposo cristiano que es sexualmente infiel a su esposa podría tratar de culparla a ella por sus bajezas, pero más tarde experimenta un intenso enojo personal por haberse permitido caer en inmoralidad.

Sandra es una cristiana comprometida que terminó mintiendo

en el trabajo con respecto a un proyecto que no había terminado. No era un proyecto grande, pero ella había estado posponiéndolo, y cuando su jefa le preguntó si ya lo había terminado, ella le dijo que sí, pues no quería tener problemas y pensaba que podría terminar el proyecto y nadie se enteraría. Pero de alguna manera su jefa se enteró y le llamó la atención. Mientras iba de regreso a casa desde su trabajo, Sandra meditaba en lo sucedido: *¿Por qué hice eso? Ni siquiera tenía necesidad de mentir.*

El enojo hacia nosotros mismos por fracasos en los asuntos de la moral y la ética a menudo viene acompañado por sentimientos de culpa. El enojo y la culpa deberían conducirnos al arrepentimiento y a un perdón renovado, los cuales discutiremos más adelante. Sin embargo, algunas veces nos revolcamos en nuestra propia culpa y fijamos nuestro enojo hacia dentro.

"MI VIDA ES INÚTIL" Y OTRAS RESPUESTAS NEGATIVAS

Sin importar cuál sea el origen del enojo que sentimos hacia nosotros mismos, debemos aprender a procesarlo constructivamente. La explosión y la implosión, que ya hemos visto anteriormente, son fuerzas negativas que pueden encendernos. Podríamos explotar por medio de reproches verbales para con nosotros mismos en privado o ante los demás. "No puedo creer que sea tan tonto, nunca hago nada bien. ¿Cómo pude haber hecho algo así? Siento vergüenza de mí mismo. No creo que pueda enfrentar el mundo otra vez. La verdad es que quisiera morirme". Tales diatribas verbales podrían extenderse a actos de violencia física, como arrancarse el cabello, arañarse, golpearse la cabeza contra una pared o contra el piso, cortarse con un instrumento filoso, así como a intentos de suicidio.

Por el otro lado, la implosión constituye la acción de atacarnos mentalmente y en silencio. Por fuera, podría parecer que estamos calmados, pero por dentro estamos llenos de furia contra nosotros mismos. *Me merezco sufrir; miren lo que hice; fui muy tonto. No sé cómo van a creer en mí otra vez. Hice lo que sabía que estaba mal. Ni siquiera merezco el perdón.*

Algunas veces los pensamientos son altamente condenatorios. *Mi vida es inútil. No merezco ser feliz. No tengo ninguna razón para seguir viviendo.* Todos estos son mensajes emocionales que se registran en la mente de aquellos que interiorizan el enojo hacia ellos mismos. Tal condenación interna tiene muchas veces efectos devastadores en el organismo y trae consigo problemas físicos, principalmente asociados con el sistema digestivo y neurológico del individuo.

Obviamente, ni la explosión ni la implosión se constituyen en formas saludables para responder al enojo enfocado en uno mismo. ¿Entonces cómo podemos responder ante este enojo de manera constructiva?

CINCO RESPUESTAS ADECUADAS AL ENOJO HACIA UNO MISMO

Permítame sugerirle una metodología positiva para procesar el enojo hacia uno mismo. Los siguientes cinco pasos representan respuestas saludables a su enojo.

Primero, *admita su enojo.* Admítaselo a usted mismo, admítalo ante un amigo o familiar de confianza, o ante un consejero o pastor, pero admita que está enojado con usted mismo. "Realmente estoy enojado conmigo mismo" es la primera declaración de sanidad. Admita los otros pensamientos y sentimientos que acompañan su enojo. Quizás: "Me siento muy decepcionado de mí mismo. Me siento inepto o tonto por haber dejado que esto pasara. Siento que he defraudado a los demás, incluyéndome a mí mismo y a Dios. Me siento muy irresponsable". Exprese de la manera más clara que pueda lo que está pensando y sintiendo. Si lo prefiere, escriba sus declaraciones. Dígalas en voz alta para usted mismo y dígaselo a Dios en oración. Pero admita y declare su enojo.

Segundo, *analice su enojo.* El enojo hacia uno mismo podría ser definido o distorsionado, tal como lo manifestamos en el capítulo

4. El enojo definido hacia mí mismo significa que mi enojo surge a partir de una falta real que yo he cometido. El enojo distorsionado significa que mi enojo se ha originado por una falta que yo he percibido como tal y no por una falta real. Ambos tipos de enojo deben ser procesados, pero resulta de ayuda saber con cuál de los dos se está tratando. Existe una gran diferencia entre el enojo que Bruno sintió cuando se golpeó su dedo pulgar con un martillo y el enojo que un esposo siente cuando ha sido infiel sexualmente a su esposa. Este último se debe a un acto inmoral, y en ese caso el enojo es definido. Por otra parte, golpearse el dedo con un martillo no es inmoral. Pero es imprudente, por lo que Bruno, tarde o temprano, podría confesar su imprudencia a Dios, aceptar el perdón y tratar de aprender de la experiencia. Podría orar: "Padre, perdóname por ser imprudente con el cuerpo que me has dado. Gracias por tu amor y tu perdón. Ayúdame a aprender de esta dolorosa experiencia. Te amo y oro por la sanidad de mi dedo pulgar". Después de la oración, el enojo de Bruno se irá apaciguando, mientras su dedo seguirá hinchado y con punzadas de dolor. Él ha manejado su enojo de una manera constructiva.

"REALMENTE ESTOY ENOJADO CONMIGO MISMO" ES LA PRIMERA DECLARACIÓN DE SANIDAD.

El esposo que le ha sido infiel a su esposa tiene un asunto por tratar de mucha más gravedad. Él ha transgredido una ley moral claramente establecida por Dios. Se siente enojado consigo mismo, y su enojo es definido porque se origina a partir de una falta moral. Además de su enojo, también puede sentir culpa, vergüenza y degradación. Todos estos son sentimientos normales y esperados cuando se han violado principios morales. Se siente culpable porque es culpable, siente vergüenza porque ha hecho algo vergonzoso, se siente degradado porque no quiere que otras personas se enteren de su acto pecaminoso. Su enojo hacia sí mismo es real y debe ser procesado, lo cual nos lleva al tercer paso.

Tercero, *confiese a Dios la falta cometida y acepte su perdón.* Existe solo una forma adecuada de procesar el enojo hacia uno mismo que se origina en el propio pecado. Fue el apóstol Juan el que hizo esta prescripción: "Si confesamos nuestros pecados, él es fiel y justo para perdonar nuestros pecados, y limpiarnos de toda maldad" (1 Jn. 1:9). Este es el claro mensaje de todas las Escrituras. Dios nos ama y quiere tener comunión con nosotros, pero debido a que Él es santo, nuestro pecado rompe esa comunión, y debe tratarnos como a hijos desobedientes. Esto significa que nos reprenderá y disciplinará (véase He. 12:5-11). Pero cuando estamos dispuestos a confesar nuestros pecados, Él también está totalmente dispuesto a perdonarlos. De eso precisamente se trata la cruz de Cristo. Él tomó el castigo que merecíamos a causa de nuestros pecados para que Dios pudiera perdonarnos por su amor, sin dejar de ser justo. Nuestra parte consiste en admitir que necesitamos su perdón. Cuando acudimos a Dios en busca de perdón, Él siempre responde con amor perdonador y nos vuelve a hacer puros para que podamos disfrutar otra vez de su comunión.

Cuando nuestro pecado no solamente ha sido contra nosotros mismos y contra Dios sino también contra otra persona, entonces debemos confesar nuestra falta a la persona contra quien hemos pecado y pedirle perdón. El apóstol Pablo puso esto en práctica en su propia vida. "Y por esto procuro tener siempre una conciencia sin ofensa ante Dios y ante los hombres" (Hch. 24:16). Para sacar de nuestra conciencia el sentimiento de culpa hacia Dios nos confesamos ante Él, y para librar nuestra conciencia de culpa hacia los hombres debemos confesarle nuestro pecado a la persona a quien hemos ofendido. El arrepentimiento verdadero del pecado siempre viene acompañado del deseo de admitir nuestra falta y de hacer restitución a las personas contra quienes hayamos pecado. La confesión es el primer paso en la restitución.

Zaqueo, el deshonesto recolector de impuestos judío, demostró este principio cuando recibió a Jesús en su casa. Zaqueo dijo: "He aquí, Señor, la mitad de mis bienes doy a los pobres; y si en algo he defraudado a alguno, se lo devuelvo cuadriplicado. Jesús le dijo: Hoy ha venido la salvación a esta casa" (Lc. 19:8-9). Jesús no perdonó a Zaqueo porque él ofreció hacer restitución; su restitución era evidencia de que él reconoció a Jesús como Señor. Cuando uno está a cuentas con Dios, también desea estar a cuentas con los hombres. El esposo que se arrepiente de una relación adúltera y lo confiesa ante Dios experimenta su perdón. Pero nunca podrá experimentar el perdón de su esposa hasta que haya reconocido su falta ante ella. Si ella decide perdonarlo, entonces él tiene la oportunidad de esforzarse en restablecer la confianza de su esposa y traer nueva vida al matrimonio.

Habiendo experimentado el perdón de Dios y quizá el perdón de la persona contra la cual hayamos pecado, estamos listos para dar el cuarto paso.

Cuarto, *decida perdonarse a usted mismo.* Perdonarse es muy similar a perdonar a una persona que ha pecado contra usted. Perdonar a otra persona significa que usted decide no tener en cuenta ese pecado en contra de ella. Usted está dispuesto a aceptarla de nuevo en su vida como si no hubiera pecado, y procurará continuar fortaleciendo su relación con esa persona. El pecado cometido deja de ser una barrera en su relación con esta persona. Si hay una pared que representa simbólicamente los pecados cometidos contra usted, el perdón es lo que derriba esa pared y hace que las dos personas puedan trabajar en la recolección de los escombros. El perdón permite que las dos personas se comuniquen otra vez y se escuchen para poder llegar a un entendimiento. Además, siembra el potencial para trabajar juntos como un equipo.

En el capítulo 8, notamos que el perdón no elimina necesariamente el daño, el dolor o el recuerdo de la falta. Pero lo que sí hace es impedir que estas cosas sean un obstáculo para la relación. Con el tiempo, esto sanará. El perdón tampoco remueve todos los resultados del pecado. Por ejemplo, con frecuencia se destruye la confianza cuando una persona peca contra otra. El perdón no restaura automáticamente la confianza. Esta debe ganarse y labrarse por parte de la persona arrepentida para que pueda demostrar que en el futuro será confiable. Si sigue siendo digna de confianza en las semanas y meses posteriores a su arrepentimiento, se afianzará y fortalecerá de nuevo la confianza.

Estos mismos principios también se aplican al perdonarse a uno mismo. En su raíz, el perdón personal es una decisión. Nos sentimos dolidos por la falta que hemos cometido. Desearíamos no haber pecado nunca. La realidad es que lo hemos hecho. Pero también hemos confesado nuestro pecado ante Dios y hemos recibido su perdón. Si nuestro pecado fue en contra de otra persona, ya lo hemos confesado y le hemos pedido perdón, y además, estamos procurando reconstruir esa relación. Ahora es tiempo de perdonarnos a nosotros mismos. Debemos decidir hacerlo. Por medio de reproches explosivos o implosivos no obtendremos resultados positivos. Todas estas conductas son destructivas y de hecho constituyen reacciones pecaminosas a nuestro enojo, por lo cual también deben confesarse a Dios.

La acción de decidir perdonarnos a nosotros mismos es algo que puede hacerse mejor en el contexto de la oración, al dejar que Dios mismo sea testigo de que nos hemos perdonado. La siguiente oración puede ser de ayuda cuando le exprese sus pensamientos y sentimientos a Dios.

> *Padre, tú conoces el mal que he cometido. Ya te lo he confesado y sé que me has perdonado por ello. De hecho, tu Palabra dice que ya no lo vas a recordar en mi contra. Te doy gracias por tu perdón. También sabes que en las últimas semanas me he rebajado y me he herido a mí mismo(a) con palabras destructivas, y me he dicho que no merezco seguir viviendo, que solamente merezco ser castigado(a) toda mi vida y que quisiera morir. Sé que estos pensamientos destructivos no te agradan. Debido a que tú me has dado vida y a que he depositado mi confianza en Jesús, yo soy tu hijo(a). No tengo ningún derecho de condenarme a mí mismo(a) después que me perdonaste.*

Te doy gracias porque me amas y me has perdonado generosamente. Ahora, al entender que soy tu hijo(a), me perdono a mí mismo(a) por las faltas que he cometido. Aunque el dolor pueda seguirme por mucho tiempo y, cuando piense en mis fracasos, tal vez llore, ya no voy a permitir que mis fallas del pasado me impidan hacer las cosas buenas que tú me has llamado a hacer.

Con tu ayuda, elimino esos fracasos de mi vida para siempre y me comprometo a seguirte solo a ti en el futuro.

Una oración como esta, ofrecida sinceramente, puede constituir el paso decisivo para perdonarse a uno mismo. Así como ocurre cuando perdonamos a otros, el hecho de perdonarnos no elimina todo el dolor o los recuerdos de la falta cometida, ni tampoco elimina necesariamente todos los resultados del pecado. Por ejemplo, si el pecado en cuestión es robar o decir mentiras, es posible que uno todavía tenga que enfrentar los resultados de esas acciones. El hecho de aceptar el perdón de Dios y perdonarse a sí mismo no significa que el ladrón pueda salir de la cárcel. Lo que el perdón hace es librar a la persona del yugo y la opresión de las faltas del pasado y darle la libertad de aprovechar el futuro al máximo. Esto nos lleva al quinto paso.

Enfóquese en acciones positivas. Ahora se encuentra en la posición de poder cambiar el curso de su vida. Usted puede aprender de sus propios fracasos. Algunas veces las personas cometen el error de no querer pensar nunca más en sus faltas. La razón que tienen es: *Ahora que Dios me ha perdonado y yo me he perdonado, no quiero volver a pensar en eso nunca más*. Creo que este es un error. El hecho es que sí podemos aprender mucho de nuestras faltas. Las Escrituras indican que Dios quiere obrar el bien a partir de todas las cosas que nos suceden (véase Ro. 8:28). Mi parte consiste en cooperar con Él. "Padre, ayúdame a aprender las lecciones que necesito de mis errores pasados" es una oración que Dios recibe con agrado.

¿Cuáles son los factores que lo llevaron a rendirse a la tentación en el pasado? Esas son las cosas que necesitan cambiarse. Por ejemplo, si cayó en la tentación del alcohol y el abuso de drogas, puede ser porque se colocaba en una situación que propiciaba la bebida o el uso de drogas. En el futuro, no debe permitir que esto suceda. Si su fracaso fue en el ámbito de la inmoralidad sexual, entonces debe retirarse del medio que le esté incitando a repetir la falta. Si su pecado fue propiciado por dejar de tener su tiempo devocional a diario con Dios, entonces necesita volver a integrarlo a su horario de actividades. "¿Qué fue lo que me hizo errar en el pasado?". "¿Qué cambios debo hacer para prevenir esto en el futuro?". Son preguntas profundas que pueden conducirnos a un crecimiento constructivo.

> **LA PREGUNTA: "¿QUÉ FUE LO QUE ME HIZO ERRAR EN EL PASADO?" PUEDE CONDUCIRNOS A UN CRECIMIENTO CONSTRUCTIVO.**

Además de aprender de los errores del pasado, usted se encuentra ahora en posición de dar pasos positivos para que su futuro sea más brillante. Esto puede requerir la lectura de buenos libros, asistir a seminarios, hablar con amigos o recibir consejos de un consejero o pastor cristiano. Este es el tipo de pasos que le proporcionan nueva información e ideas para la dirección de su futuro. Si su pecado fue en contra de un familiar o amigo, este es el momento para concentrarse en acciones positivas hacia esa persona. No me refiero a que usted trate de manipular a esa persona para que lo perdone o que tenga una mejor opinión de usted. La manipulación es el esfuerzo de controlar a otra persona, y esto nunca es constructivo en las relaciones humanas. Estoy hablando más bien de actos de amor con los cuales se busque hacer algo bueno por la persona sin esperar nada a cambio.

El amor incondicional no es un pago por servicios recibidos ni un soborno para obtener lo que queremos. Es un esfuerzo genuino para mejorar la vida de otra persona porque la amamos y nos interesa su bienestar. Eso es lo que Dios hace por nosotros todos los días.

EL PODER DEL AMOR

Cuando de acciones positivas se trata, el amor es la mayor de todas. Las Escrituras indican que si decidimos llevar una vida de amor incondicional hacia las demás personas, es porque "el amor de Dios ha sido derramado en nuestros corazones por el Espíritu Santo que nos fue dado" (Ro. 5:5). Amar es el estilo de vida de Dios. Es central en lo que Dios desea para nosotros. "Un mandamiento nuevo os doy: que os améis unos a otros; como yo os he amado, que también os améis unos a otros. En esto conocerán todos que sois mis discípulos, si tuviereis amor los unos con los otros" (Jn. 13:34-35).

El amor es la marca distintiva del cristiano. Cuando usted emprende acciones positivas que demuestran su amor hacia la persona a quien ha ofendido, no puede obligarle a responder recíprocamente a su amor, pero puede tener toda la confianza de que el amor es el arma de mayor influencia en el mundo. Si su amor es auténticamente incondicional y se expresa tanto en acciones como en palabras, está haciendo lo más poderoso que existe en favor de otra persona. Sin importar cómo esta responda, usted se sentirá bien consigo mismo porque está cumpliendo las enseñanzas de Jesús. Usted ha sido perdonado por Dios, quizás por otros y ya se ha perdonado a sí mismo, y ahora está encarando el futuro con esperanza.

REPASO BREVE

Cuando estoy enojado conmigo mismo

1. **Admita su enojo**. Escríbalo si fuera necesario. Expréseselo a Dios en oración.

2. **Analice su enojo**. ¿Es justificado o se está cargando con una culpa y vergüenza innecesarias?

3. **Si su enojo hacia usted mismo es válido, confiese su falta a Dios y acepte su perdón.**

4. **Decida perdonarse en vez de reprocharse**. En oración, deje que Dios sea testigo de su perdón hacia sí mismo.

5. **Aprenda de sus errores**. Tome pasos positivos para asegurarse de no volver a cometer los mismos errores.

La respuesta amable calma el enojo, pero la agresiva echa leña al fuego.

Proverbios 15:1 (nvi)

CAPÍTULO 13

Cómo confrontar a la persona **enojada**

Era una tarde de abril y estaba sentado en mi oficina aconsejando a una joven pareja, cuando escuché fuertes golpes en la puerta de mi consultorio. "Con su permiso" —dije a la pareja, y me puse de pie para dirigirme a la puerta. Cuando salí vi a un hombre que parecía tener unos cincuenta años, quien no perdió tiempo para informar cuál era su misión.

"Se lo digo de una vez, la iglesia va a tener que pagar la reparación del silenciador de mi vehículo. Esos badenes son demasiado altos —dijo mientras señalaba en dirección al estacionamiento de la iglesia que es adyacente a mi oficina—. De un solo golpe arrancaron el silenciador de mi auto, y yo ni siquiera estaba pasando rápido. Nunca debieron haber colocado esos badenes. Si arrancaron el silenciador de mi auto, le va a pasar lo mismo al auto de cualquier otra persona. La iglesia es responsable y tiene que pagar por el daño".

El hombre dijo todo eso sin dar un respiro y con su voz más fuerte y enfática. Su rostro estaba rojo. Sus ojos centelleaban, y sus fosas nasales se habían ensanchado. Entonces, supe que estaba en presencia de un hombre enojado.

Cerré la puerta de mi oficina (hasta ese momento mi mano

seguía puesta en la empuñadura, y la puerta aún estaba entreabierta. Quizá subconscientemente, ya estaba planeando mi vía de escape en caso de que se pusiera violento).

—Cuénteme ahora exactamente qué le sucedió a su vehículo —le dije suavemente.

Otra vez comenzaron a fluir sus furiosas palabras.

—Estaba manejando por el estacionamiento, y cuando pasé por ese badén, el silenciador de mi auto se cayó al piso. No sé cuándo colocaron esos badenes, pero son demasiado altos, y alguien va a tener que pagar el arreglo de mi vehículo.

—Ahora dígame, ¿exactamente en qué dirección iba conduciendo y cuál fue el badén que golpeó? —dije para continuar la conversación.

LA ACCIÓN DE HABLAR MÁS DESPACIO

El hombre comenzó a hablar más despacio.

—Venía del edificio de actividades que queda antes de la Avenida de la Paz. Es el badén que está al final de ese edificio. ¿Por qué colocaron un badén allí? Está demasiado cerca de la calle.

—¿Y le arrancó el silenciador por completo? —pregunté.

—No, quedó colgando de la parte trasera, pero se está arrastrando por la calle. Tengo que encontrar un alambre para sujetarlo y poder manejar hasta mi casa. No es justo, la iglesia tiene que pagar por el daño.

Me pareció que ya había escuchado su historia y había comprendido su situación.

—Ahora puedo apreciar por qué está tan molesto —le dije—. Yo también me molestaría si me hubiera sucedido a mí. No me había dado cuenta de que los badenes eran tan altos, pero si le dislocaron el silenciador a su vehículo probablemente le ocurrirá lo mismo a otros conductores, y vamos a tener que ocuparnos de ello. Le puedo asegurar que la iglesia va a pagar el arreglo de su vehículo, es lo menos que podemos hacer. Si me envía la cuenta, me aseguraré de que reciba su reembolso. Si no estuviera en una sesión de consejería con una pareja, iría con usted para ayudarle a asegurar el silenciador. Pero creo que podrá encontrar a uno de nuestros encargados de mantenimiento en el primer piso. Es posible que le ayuden a encontrar un alambre para sujetarlo. Realmente aprecio su actitud, porque si no se hubiera tomado el tiempo de venir hasta acá, yo no me habría enterado del problema que hay con los badenes del estacionamiento. Es obvio que vamos a tener que arreglarlos, aprecio que haya invertido su tiempo y esfuerzo en venir y ponerme al tanto de esta situación.

—Bueno —dijo ahora con calma en su voz—, me pareció que a usted le convendría saberlo. ¿Me dijo que está aconsejando a una pareja?

—Así es —dije.

—Oh, realmente lamento haberlo interrumpido —dijo— y me da mucha pena haber golpeado así a su puerta, no debí ponerme de tan mal humor.

—Lo entiendo, aunque fue un discurso bastante fuerte —dije sonriendo.

—Lo sé, me siento avergonzado. No debí perder así el control.

—Todos perdemos el control de vez en cuando —le dije para no añadir más a su sentimiento de culpa—. Es muy bueno cuando nos damos cuenta de que perdemos el control y estamos dispuestos a admitirlo. Yo he experimentado lo mismo que usted. Lo entiendo, pero de verdad aprecio que me haya informado acerca del badén. Nos aseguraremos de corregir el problema.

—Gracias —dijo mientras se alejaba de mí hacia la puerta exterior del consultorio—, y acepte de nuevo mis disculpas por haberlo molestado.

—Está bien, gracias —le respondí.

Nunca había visto a ese hombre antes y no lo he vuelto a ver desde entonces. Pero con frecuencia he utilizado su experiencia como un ejemplo de cómo reaccionar frente a una persona enojada. Quizá lo empleo porque en esta ocasión siento que hice lo correcto (a propósito, nunca recibí la cuenta por la reparación del vehículo de ese hombre. Solo puedo suponer que se sintió demasiado avergonzado de su comportamiento como para divulgar su nombre y dirección). Los badenes habían sido colocados dos semanas antes. Que yo sepa, el silenciador de su auto fue el único que sufrió un daño, aunque sí recibimos algunas quejas de que eran demasiado altos. A la semana siguiente nos encargamos de allanarlos.

LO MEJOR QUE USTED PUEDE HACER

De vez en cuando, la mayoría de nosotros se encuentra con personas enojadas. Algunas están fuera de control. Otras están haciendo grandes esfuerzos para no ser abusivos, bien sea verbal o físicamente, pero en su interior están ardiendo de ira por lo que consideran una injusticia. Puede tratarse de un vecino que cree que usted lo ha tratado injustamente. O puede ser un compañero de trabajo que percibe que usted ha cometido una falta contra él. Puede tratarse de un compañero de estudios que lo acusa de hacer trampa o está enojado con usted porque no quiere hacer trampa. Puede ser una suegra o un cuñado, un padre o un hijo, un tío o un sobrino, o puede tratarse de alguien al que nunca haya visto, como el hombre del auto con el silenciador averiado. ¿Cómo debemos responder ante estas personas llenas de enojo?

> **SI USTED RESPONDE AL ENOJO DE UNA PERSONA ANTES DE HABER ESCUCHADO DETENIDAMENTE SU HISTORIA, SOLO VA A AGRAVAR AUN MÁS SU ENOJO.**

Sugiero siete pasos. Los primeros tres son extremadamente importantes. *Primero, escuche. Segundo, escuche. Tercero, escuche.* Lo mejor que puede hacer por una persona enojada es escuchar su historia. Después de haberla escuchado, pídale que le repita la historia. Tras escucharla por segunda vez, hágale preguntas adicionales para aclarar la situación del todo. Escúchela al menos tres veces antes de darle una respuesta. De ahí que los primeros tres pasos para dar cuando tenga que tratar con personas enojadas se constituyen en escuchar.

La primera vez que escucha a la persona, usted toma conciencia de estar en presencia de alguien que está enojado, y también se entera de la inquietud de la persona y las razones de su enojo. La segunda vez que la escucha, la persona empieza a darse cuenta de que usted la está tomando en serio, que realmente quiere comprender lo sucedido y que no está condenando su enojo. La tercera vez, la persona vuelve a contar cuidadosamente los detalles y se asegura de que usted comprenda toda la historia; en este punto, el individuo, por lo general, comienza a calmarse al percatarse de que usted está tratando de comprenderlo. Se necesita escuchar a la persona, por lo menos, tres veces y quizás cuatro, para que ella exprese eficientemente todas sus inquietudes.

Si usted responde al enojo de una persona antes de haber escuchado detenidamente su historia, no va a calmar su enojo sino, por el contrario, lo va a agravar aun más. En la mente de la persona enojada, existe la profunda sensación de que ha sido ofendida. Le está expresando su enojo, ya sea porque usted está involucrado o porque ella piensa que usted tiene la capacidad de ayudarla. Al escucharla, está respetando su derecho a estar enojada, la está tratando como quisiera que alguien lo trate si usted estuviera enojado. Esto es lo que todos necesitamos cuando estamos enojados. ¿Por qué no hacerlo con las personas enojadas que encuentra en su camino? La acción de escuchar con atención prepara el camino para la comprensión, lo cual nos lleva a nuestro cuarto paso.

A continuación, *procure entender la situación por la que está atravesando la persona enojada.* Póngase en su lugar y trate de ver el mundo a través de los ojos de esa persona. Pregúntese: *¿Estaría yo enojado si pasara por la misma situación?*

A mí no me resultó difícil identificarme con el hombre enojado por habérsele dañado el silenciador de su auto en el estacionamiento de la iglesia. Si hubiera sido mi auto, probablemente me habría enojado de manera similar. Es posible que no hubiera reaccionado de la misma manera que él, pero no fue difícil entender su enojo.

Es cierto que algunas veces el enojo de la persona puede ser distorsionado. Es posible que la persona no conozca todos los hechos o que esté pasando por alto su propia responsabilidad en el asunto. Tal vez, mi irritado intruso estaba conduciendo a alta velocidad por el estacionamiento. Después de todo, para eso es que se colocan los badenes. Llevaban dos semanas de colocados, y aquel era el primer automóvil que terminaba con el silenciador dañado. Por otra parte, quizás el silenciador de su auto ya estaba a punto de caerse o más bajo que el de los de otros vehículos. Estos eran detalles de los cuales yo no tenía ningún conocimiento y que obviamente a él no le interesaba considerar. Habría sido inútil que yo me hubiera puesto a señalar estas posibilidades, por que habría sido interpretado por él como simples intentos por defender la posición de la iglesia y echarle toda la culpa a él. Estas dos cosas habrían agravado su enojo en vez de contribuir a procesarlo.

Si usted puede escuchar lo suficiente para percatarse de todos los pensamientos que atraviesan la mente de una persona enojada, con mucha probabilidad será capaz de entender la razón por la que está enojada. El asunto aquí no es definir si la interpretación que se tiene de la situación es correcta o no. Lo que está tratando de hacer es entender lo que la persona está percibiendo de la situación. De acuerdo a la interpretación de esa persona, ¿puede entender qué la llevó a enojarse? Este no es momento para discutir la validez de la interpretación de esa persona. Es momento de tratar de entender el enojo de esa persona para poder ayudarla a procesarlo.

"YO ME HUBIERA ENOJADO TAMBIÉN"

Marina y Alicia trabajaban en el mismo hospital. Marina escuchó rumores de que Alicia le había dicho a la supervisora que Marina estaría de acuerdo en trabajar el día de año nuevo porque detestaba los partidos de fútbol y seguramente sería una buena razón para estar fuera de la casa. Marina había estado meditando en esta información durante las últimas dos horas. Mientras realizaba su trabajo, pensaba: *En realidad me da igual trabajar el primero de enero, pero Alicia no tenía ningún derecho de decirle eso a la supervisora. Ella solamente está buscando su propio beneficio y se está aprovechando de mí.* Su enojo estaba empezando a fermentar. Dos horas más tarde, cuando se publicó en la cartelera el horario de trabajo para los días festivos, y Marina vio que le habían asignado trabajar el primero de enero, sencillamente explotó.

Más tarde, en el receso, fue donde estaba Alicia y le dijo:

—¡No tenías ningún derecho de decirle a la supervisora que a mí me gustaba trabajar los días festivos. No me habías preguntado nada al respecto. Nunca más vuelvas a hablar por mí!

Alicia, aturdida, no tenía ni idea de qué estaba hablando su compañera.

—Marina, siéntate y cuéntame exactamente de qué estás hablando.

—Le dijiste a la supervisora que yo estaría conforme en trabajar el primero de enero porque detesto los partidos de fútbol y sería una buena oportunidad para salir de la casa. Aunque por una parte es cierto, tú no tenías ningún derecho de intervenir para que yo trabajara un día festivo. Eso está mal, y tú lo sabes. Por eso estoy muy molesta.

Alicia empezó a entender de qué se trataba.

–¿Lo que me quieres decir es que piensas que yo le dije a la supervisora que tú querías trabajar el primero de enero, y que debía asignarte ese día festivo a ti y no a mí? —preguntó Alicia.

Marina asintió con la cabeza.

—Ahora puedo entender por qué estas tan enojada —dijo Alicia—. Ya tiene sentido. Si yo pensara que tú me hiciste lo mismo, también me sentiría molesta. No te culpo por estar enojada. Probablemente, yo estaría aun más enojada que tú si creyera que alguien me hizo eso a mí. Pero déjame decirte lo que sucedió realmente. La supervisora se acercó a mí y me preguntó si quería trabajar el primero de enero. Le dije que prefería no hacerlo, pero lo haría con gusto si no podía conseguir a otra persona. Entonces, le dije: "Tal vez, le pueda preguntar a Marina. Sé que a ella no le gusta mucho quedarse en la casa el día de año nuevo, y tal vez le interese trabajar ese día".

"Pensé que la supervisora te iba a preguntar si querías trabajar. De ninguna manera le iba a decir que te asignara para trabajar sin preguntarte. De hecho, si quieres, yo puedo trabajar el primero de enero. Probablemente sea mi turno".

Después de escuchar, Alicia expresó que comprendía el enojo de Marina al ponerse en su situación. Este es el quinto paso, *exprese comprensión por el enojo de la otra persona.* Alicia le dijo a Marina que ella también estaría muy enojada si lo mismo le hubiera ocurrido a ella. Y al hacer eso, Alicia neutralizó la dinámica adversa de la conversación. Una vez que ha entendido la situación de la otra persona (cuarto paso), exprésele que la comprende. De esta manera, se está colocando a la par de su enojo. Está reconociendo, no solamente que comprende su enojo, sino que usted mismo también estaría enojado en una situación similar.

Después de expresar su comprensión por el enojo de la otra persona, está listo para dar el sexto paso: *proporcione información adicional que pueda arrojar luz sobre la cuestión.* En el caso de Alicia, esto significó decirle a Marina exactamente lo que había conversado con la supervisora. Esta información permitió que Marina tuviera la libertad de calmarse y darse cuenta de que su compañera no había cometido ninguna falta contra ella. Si alguien lo había hecho era la supervisora, al no consultar con ella antes de realizar la asignación de los días de trabajo. Pero como Marina, en realidad, habría querido trabajar ese día festivo, cualquier enojo que sintiera hacia la supervisora pronto se disiparía.

EXPRESE SU PUNTO DE VISTA DE LOS HECHOS, PERO ÚNICAMENTE DESPUÉS DE HABER ESCUCHADO Y EXPRESADO SU COMPRENSIÓN POR EL ENOJO DE LA OTRA PERSONA.

Con frecuencia la persona tiene un enojo distorsionado, bien sea porque no cuenta con todos los hechos de la situación o porque los está interpretando mal. Le hacemos un gran favor a la persona cuando le damos a conocer nuestra percepción de lo sucedido. Pero si hacemos esto muy al comienzo del proceso, no nos escuchará y nos veremos envueltos en una discusión muy acalorada con la persona enojada.

Corregir a la persona inmediatamente después que esta ha expresado sus primeras declaraciones de enojo constituye un grave error. Esto casi siempre engendra altercados y muy rara vez conduce a una resolución positiva. Con mucha frecuencia, las amistades son destruidas por este tipo de contraataques airados.

Es importante que usted exprese su punto de vista de los hechos, pero únicamente después de haber escuchado, comprendido y expresado su comprensión por el enojo de la otra persona. Después de esto, es muy probable que la otra persona reciba su información y la procese de manera positiva. Esto conduce a la solución del asunto y a la restauración de la relación amistosa.

El paso final de la respuesta ante una persona enojada es la *confesión y restitución*. Si usted se da cuenta de que el enojo de esa persona es definido; es decir, que usted realmente cometió una falta contra ella —con intención o sin intención, lo que hizo o dijo fue injusto y la hirió profundamente— entonces ahora es el momento de hacer su confesión y realizar esfuerzos concretos para corregir el mal que ha cometido.

¿Cómo sería una confesión de este tipo? Incluiría aceptar toda la responsabilidad y pedir perdón. Tratar de defender nuestras acciones, cuando realmente estas fueron erróneas, es un esfuerzo inútil que solamente conducirá a mayores discusiones, nunca a la resolución del conflicto. A muchos nos cuesta bastante admitir que lo que hemos dicho o hecho ha sido erróneo. Admitir que fallamos disminuye nuestra autoestima, así que luchamos para tener la razón aun cuando sabemos que estamos equivocados. En última instancia, tal conducta va en detrimento de nuestra autoestima. Cuando sabemos que lo que hemos hecho está mal y preferimos defendernos antes que admitir nuestro error, tal vez podamos convencer a los demás con nuestra defensa, pero nunca nos convenceremos a nosotros mismos. Nuestra conciencia empieza a llenarnos de culpa y llegamos a sentirnos muy mal con nosotros mismos.

Defender nuestras propias faltas nunca es la forma de sanar nuestra conciencia o nuestras relaciones. Por otra parte, la confesión y la restitución casi siempre conducen no solamente a la salud emocional, sino también a relaciones personales más fuertes y saludables.

Creo que estos siete pasos constituyen la manera más productiva de reaccionar y responder ante una persona enojada. Sugiero que no se apresure a atravesar los pasos uno, dos y tres. Escuchar, escuchar y escuchar constituye el fundamento para llegar a entender, para que a su vez pueda expresar una clara comprensión de la situación de la otra persona. Además de esto, reconozca que los pasos uno al cinco son cruciales para crear una atmósfera en la cual pueda expresar su punto de vista en cuanto a los hechos a fin de resolver el asunto; o en caso de haberse cometido una falta concreta, hacer la confesión y restitución que puedan traer consigo la resolución del problema. La persona enojada se calma porque usted la ha ayudado a procesar su enojo a fondo. Y de esta manera, ha logrado mantener una relación positiva con la otra persona.

> **MIRE MÁS ALLÁ DE LA INTENSIDAD SONORA DE SU VOZ, LA FURIA DE SU MIRADA... AL MEOLLO DEL ASUNTO: ¿QUÉ HIZO ENOJAR A LA PERSONA?**

PRIMERA REACCIÓN INCORRECTA: TRATAR DE COLOCAR UNA TAPA SOBRE EL ENOJO

Cabe aquí una palabra de advertencia en contra de dos formas comunes de responder ante una persona enojada. Ambas son muy comunes y ambas son muy negativas. La primera es tratar de colocar una tapa sobre el enojo de la otra persona. Los padres muchas veces son culpables de hacer esto. "Si no me puedes hablar sin gritar, entonces cállate y vete a tu cuarto". Cuando un padre le hace una declaración de este tipo a su hijo, está impidiendo el flujo de emociones del niño, haciendo que queden enfrascadas en su interior. Si toma dos sorbos de bebida gaseosa, vuelve a tapar la botella plástica y sacude vigorosamente la botella, obtendrá una ilustración muy gráfica de lo que ocurre en el interior del niño al que su padre ha dicho algo así. El niño está en su habitación, la puerta está cerrada, su enojo tiene una tapa encima, pero en su interior están aflorando todos sus sentimientos gaseosos. Cuando la tapa se salga, usted tendrá a un niño totalmente encolerizado. Si la tapa nunca se llegara a salir, tendrá a un niño con depresión o con conductas pasivo-agresivas. De esta manera, su enojo nunca se va a expresar directamente, sino indirectamente. Mediante ese comportamiento, hará cosas "en represalia" contra su padre.

Tratar de colocar una tapa sobre el enojo de otra persona es quizá la peor manera de responder ante una persona enojada. La única respuesta aparentemente positiva de esta acción es que el padre obtiene una paz momentánea, pero ese es un precio muy alto para pagar por una paz temporal y superficial. Puede ser que no nos guste la forma en que la persona enojada nos esté hablando, pero el mismo hecho de que nos esté expresando su enojo ya es positivo. El enojo no puede procesarse positivamente si se reprime en el interior. Necesita expresarse, aunque haya que hacerlo con fuerte tono de voz.

Para poder ayudar a la persona enojada, debe pasarse por alto temporalmente la intensidad sonora de su voz, la furia de su mirada y la intensidad de su lenguaje corporal. Debe esforzarse por ver más allá de todo esto al meollo del asunto. ¿Qué hizo enojar a esa persona? ¿Qué falta percibe ella que se ha cometido? La cuestión consiste en tratar ese asunto en particular. Sin importar que la falta sea definida o distorsionada, esta es muy real en la mente de la persona enojada. Si no escuchamos su mensaje, el enojo no será procesado positivamente, sino que más tarde saldrá a flote con un comportamiento iracundo, con depresión o, trágicamente para algunos, con el suicidio. Tratar de colocar una tapa sobre el enojo de otra persona es un esfuerzo absolutamente inútil.

SEGUNDA REACCIÓN INCORRECTA: REFLEJAR LA CONDUCTA

La segunda forma negativa de responder a la persona enojada es reflejar su conducta. Ella le grita, así que usted también le grita. Ella lo insulta, usted la insulta peor. Tal respuesta ante una persona enojada obviamente agrava el conflicto. Una persona enojada y fuera de control ya es suficiente. No necesitamos para nada a dos personas enojadas y fuera de control.

De manera que cuando se encuentra con una persona enojada, es un buen momento para orar: *Padre, ayúdame, por favor, a ser redentor en toda esta situación. Dame un oído que escuche. Haz que pueda ver más allá de la conducta iracunda de esta persona para entender por qué está enojada y tratarla de ayudar a resolver el conflicto.* Esta oración se ajusta a la exhortación de Santiago, cuando dijo: "...todo hombre sea pronto para oír, tardo para hablar, tardo para airarse; porque la ira del hombre no obra la justicia de Dios" (Stg. 1:19-20).

Una persona enojada que está fuera de control no necesita otra persona que se ponga a pelear con ella, sino alguien que atraviese el humo para llegar a la raíz de la conducta del enojado. Un incendio se extinguirá más rápido si no se le echa gasolina. Cuando la persona enojada está expeliendo palabras a todo volumen y usted comienza a discutir con ella, es como echarle gasolina al fuego. Una persona enojada puede arder toda la noche si usted continúa arrojándole gasolina. Pero cuando escucha mientras el enojo se consume, tarde o temprano el combustible que lo alimenta se agotará. Cuando la persona siente que ha sido escuchada genuinamente, se abrirá por completo a la posibilidad de recibir su ayuda. Pero hasta que haya sido escuchada, su enojo seguirá encendido.

Este principio también se aplica a la respuesta que debemos dar a nuestros hijos. Tal vez seamos más grandes y fuertes, pero tratar de dominarlos no va funcionar. Pablo amonestó a los padres: "no provoquéis a ira a vuestros hijos" (Ef. 6:4). Responder con enojo y aspereza a un niño que está tratando de expresar su enojo no hace más que provocar aun más enojo. Y un proverbio clave nos brinda el sabio consejo: "La blanda respuesta quita la ira; mas la palabra áspera hace subir el furor" (Pr. 15:1). Bien sea que la persona tenga siete o treinta y siete años, las palabras ásperas lanzadas al rostro de alguien airado no harán más que exacerbar todavía más su ira. En contraste, un corazón abierto que escucha comprensivamente y que brinda una respuesta amable hará que el enojo se desvanezca. Este es el modelo cristiano que todos debemos aspirar.

La persona enojada necesita de alguien que se interese lo suficiente en ella para escucharla todo el tiempo que sea necesario a fin de comprender su dolor. Necesita de alguien que la escuche con la suficiente atención como para poder identificarse con su enojo; necesita de alguien con la suficiente sabiduría como para expresarle su comprensión de la situación, y necesita de alguien con el valor suficiente para darle una respuesta amable y sincera, una respuesta que busque la resolución del conflicto que dio origen al enojo. Esta es nuestra meta, ayudar a la persona enojada a encontrar una respuesta saludable y una solución constructiva.

REPASO BREVE

CÓMO RESPONDER ANTE UNA PERSONA ENOJADA

1. **Escuche a la persona**. Lo mejor que usted puede hacer es escucharla y comenzar a comprender su situación.

2. **Escuche a la persona**. Después de haber escuchado su historia, pídale a la persona enojada que se la vuelva a contar. Esto muestra que usted realmente quiere comprender lo sucedido y que no está condenando su enojo.

3. **Escuche a la persona**. Hágale preguntas adicionales para clarificar la situación. Puede requerir que escuche de tres a cuatro veces la historia de la persona enojada para que se resuelvan sus inquietudes.

4. **Trate de comprender su situación**. Pregúntese si usted no estaría enojado en la misma situación.

5. **Exprésele su comprensión de la situación**. Háblele con compasión; reafirme los sentimientos de enojo de la persona.

6. **Proporcione alguna información adicional que pueda arrojar luz sobre el asunto**. A estas alturas podría ayudar a la persona a darse cuenta de que usted no cometió ninguna falta contra ella.

7. **Confiésele cualquier falta que haya cometido y trate de corregir el error que cometió**. Si el enojo de la persona es válido y usted ha cometido alguna falta contra ella, este es el paso que debe dar.

EPÍLOGO

Un hombre o una mujer que aprende a controlar el enojo de manera responsable ha dado un paso gigante hacia la madurez cristiana. Muchos de los problemas con los que luchan las familias cristianas contemporáneas están enraizados en los malos entendidos y en un mal manejo del enojo. Pocas tareas en el ámbito de la vida matrimonial y familiar son más importantes que corregir este endémico mal manejo del enojo. Controlarlo también beneficiará las relaciones con nuestros vecinos y nuestros compañeros de trabajo.

Mi esperanza sincera es que este libro sirva como un catalizador en la comunidad cristiana para estimular el debate, la oración y finalmente un entendimiento más diáfano de cómo responder ante el enojo. Mi deseo es que usted no solamente lea este libro, sino que a través de la "Guía para el debate", con sus reflexiones y aplicaciones, procure emplear estos principios en su propia vida. Si es una persona casada, espero que se convierta en un modelo positivo para su cónyuge y sus hijos de la manera de responder al enojo.

Permítame sugerirle tres formas de aplicar este mensaje en su vida y la vida de otras personas:

1. Hable de este libro y sus principios con sus amigos.
2. Sugiera el libro y la "Guía para el debate" que lo acompaña, como un estudio temático para su grupo de discipulado

para adultos. Pocos temas son más pertinentes para el matrimonio, la familia y todas las demás relaciones humanas que el tema del enojo.

3. Busque maneras de ayudar a sus amigos no cristianos. Las clases o conversaciones enfocadas en el manejo adecuado del enojo podrían llegar a establecer un puente con un mundo que se ha desviado de la senda y que cada vez se deja controlar más por el enojo descontrolado.

Si los cristianos pueden aprender a manejar su propio enojo de manera positiva, quizás Dios nos conceda la oportunidad de dar a conocer esto a nuestros amigos no cristianos. Si no tenemos éxito en el manejo de nuestro propio enojo, es posible que lleguemos a "perder el control" con nuestros vecinos y confirmemos así sus sospechas de que nuestro cristianismo no es más que algo superficial.

En realidad, nuestro enojo se encuentra en el corazón mismo de lo que somos internamente. Si me dice qué le produce enojo, yo le puedo decir qué es realmente importante para usted. En el cristiano maduro, el enojo estará enfocado en las auténticas injusticias, las arbitrariedades, las desigualdades y la maldad, no en las irritaciones personales e insignificantes. Tal enojo cumplirá la función de motivarlo a realizar esfuerzos positivos para inculcar y establecer la justicia, la honestidad, la igualdad y la piedad. Su enojo será atemperado con la misericordia y la humildad porque el cristiano es consciente de que también es susceptible de fallar. Para usar las palabras del antiguo profeta hebreo: "Oh hombre, él te ha declarado lo que es bueno, y qué pide Jehová de ti: solamente hacer justicia, y amar misericordia, y humillarte ante tu Dios" (Mi. 6:8).

Un estilo de vida tan sublime como este, mediante la práctica diaria de la justicia, la misericordia y la humildad, requiere ante todo que nos reconciliemos con Dios a través de Cristo, lo cual nos da la motivación y el anhelo de superarnos. Y también requiere de la obra diaria del Espíritu Santo en nuestro interior, lo cual nos capacita para obtener la victoria.

De todas las personas, el cristiano cuenta con el mayor potencial para entender y procesar el enojo para la gloria de Dios. Este es el mensaje y la meta de este libro.

NOTAS

1. ¿De dónde viene el enojo?

1. *Diccionario universitario Merriam-Webster*, 6.ª edición, bajo la palabra: "*anger*" [enojo].
2. Mark P. Cosgrove, *Counseling for Anger* [Consejería para el enojo], (Dallas: Word, 1988), p. 30.

3. Cuando tengo una buena razón para estar enojado

1. Proverbios 19:11.
2. Lucas 17:3.
3. Marcos 8:32.
4. Marcos 8:33.
5. Mateo 18:15-17.
6. Gálatas 6:1.

6. Implosiones y explosiones

1. Mark P. Cosgrove, *Counseling for Anger* [Consejería para el enojo], (Dallas: Word, 1988), pp. 71, 95.
2. Ibíd., p. 98.

7. El enojo que dura años

1. Véase Romanos 3:26.
2. Romanos 12:19.

10. Cómo ayudar a mis hijos a manejar el enojo

1. Para mayor información acerca de cómo suplir la necesidad de amor afectivo de sus hijos, véase *Los 5 lenguajes del amor de los niños*, escrito por Gary Chapman y Ross Campbell (Miami: Unilit, 2000).

11. Cuando estoy enojado con Dios

1. Véase la prolongada conversación de Dios en Job 38—41. Job finalmente respondió en confianza y se arrepintió de su orgullo (Job 42:1-6).

RECONOCIMIENTOS

Pocas personas están dispuestas a admitir que tienen un problema con el enojo. Muchos de nosotros podemos notar fácilmente el mal manejo que los demás tienen de su enojo, pero rara vez lo vemos en nosotros mismos. Quiero reconocer mi deuda con cientos de individuos que, en la privacidad de mi oficina, han confesado su tendencia hacia la explosión o la implosión de su enojo. Al darse cuenta de que sus métodos negativos de responder al enojo estaban teniendo efectos destructivos en las personas que amaban, acudieron sinceramente a recibir ayuda. Muchos vinieron a pesar de sus profundos sentimientos de culpa y fracaso.

Como se indica en la dedicación, la franqueza de ellos prácticamente me forzó a prestar mucha atención a todo lo relacionado con el entendimiento y el procesamiento del enojo. Su disposición a ser vulnerables hizo posible este libro. Sin ellos, no habría comenzado la búsqueda que me llevó a descubrir que el enojo tiene una dimensión positiva.

También tengo una profunda deuda de gratitud con Tricia Kube, mi asistente administrativa, quien no solamente transcribió el manuscrito en computadora, sino que también contestó diariamente incontables llamadas telefónicas y realizó otros deberes administrativos, lo cual me permitió tener más tiempo para escribir. Su asistencia a través de los años ha sido de un valor inmensurable para mi ministerio.

El equipo de Moody Press ha realizado su trabajo de forma excelente como es usual, al alentar, apoyar y orientar mis esfuerzos. Betsey Newenhuyse me asistió en gran manera con sus sugerencias editoriales. Dillon Burroughs produjo la "Guía para el debate" que hará del libro un recurso muy útil en grupos de estudio para adultos. Y Greg Thornton me animó constantemente.

Por último, expreso mi profundo agradecimiento a mi esposa Karolyn, quien ha permanecido a mi lado tanto en las tristezas como en las alegrías de la vida. En este proyecto, como en todos los demás, ella me brindó todo su apoyo. Nunca se quejó por las muchas horas que pasé en la oficina y siempre respaldó mis esfuerzos en oración por mí. "Se levantan sus hijos y la llaman bienaventurada; y su marido también la alaba" (Pr. 31:28).

GUÍA PARA EL DEBATE

Cómo usar esta guía

Esta guía de trece sesiones para debatir sobre *El enojo* tiene como fin incrementar al máximo su aprendizaje personal mediante el diálogo y el estímulo en pequeños grupos. Cuando comience a debatir acerca de estas preguntas en pequeños grupos, o aun con su cónyuge o amigo cercano, verá cómo comunicar sus ideas clave con los demás fomenta su propio crecimiento.

Su grupo puede ajustarse a cualquiera de las opciones que más le convengan. Algunos prefieren reunirse durante un tiempo corto, de treinta a cuarenta minutos, para intercambiar ideas en la hora del almuerzo. Otros se reúnen a la mañana o la noche durante un período más extenso de sesenta minutos o más. Y aun otros podrían preferir el uso de esta guía para un retiro de fin de semana o para enriquecimiento personal.

La estructura es intencionalmente simple, sin embargo, muy impactante. Cada capítulo comienza con un segmento de **"Introducción"** para ayudarlo a incentivar su comunicación inicial. Las **"Preguntas para el debate"** proporcionan una manera útil de hablar juntos acerca del contenido substancial del libro. Los **"Pensamientos para la reflexión"** sugieren varias ideas para estimular una conversación significativa sobre cada capítulo. Finalmente, cada sesión termina con **"Opciones para la aplicación"**, que le ofrecen oportunidades específicas para integrar a su vida diaria lo que usted ha aprendido.

CAPÍTULO 1: ¿DE DÓNDE VIENE EL ENOJO?

Introducción: Cuente la razón más ridícula que tuvo para enojarse alguna persona que usted conozca. ¿Por qué dicha persona pensó que valía la pena enojarse por ese asunto?

PREGUNTAS PARA EL DEBATE

1. ¿Cuál era la percepción de Mercedes en cuanto a su capacidad de manejar el enojo antes de quedarse en casa con sus hijos pequeños? ¿Cuál fue su percepción *después* de tener hijos? ¿Por qué ahora ella se siente abrumada?

2. Marcos acude a buscar ayuda para su problema de control del enojo. ¿Qué fue lo que finalmente provocó que buscara ayuda?

3. Este capítulo define el enojo como más que una emoción. ¿Cómo describiría o definiría usted el enojo?

4. ¿Qué versículo de la Biblia se destaca más para usted al considerar la perspectiva de Dios con respecto al enojo?

PENSAMIENTOS PARA LA REFLEXIÓN

5. ¿De qué maneras el enojo puede ser *constructivo* en vez de *destructivo*?

6. ¿Cuáles son algunas de las situaciones de la vida que lo hacen enojar más rápido? ¿Cómo puede prever mejor algunas de estas situaciones?

OPCIONES PARA LA APLICACIÓN

7. Indique una ocasión en la que se enojó durante la semana pasada. En una hoja de papel, indique qué provocó su enojo, cómo expresó su enojo y de qué otra manera le hubiera gustado reaccionar. Procure desarrollar este hábito en su mente durante la próxima semana para que le ayude a prever y reaccionar ante el enojo de una manera más apropiada.

8. La mayoría de las personas recibe su "entrenamiento en el enojo" en su hogar. En un diario o en una hoja de papel, escriba qué modelo de enojo recibió cuando era niño. Piense al menos en cinco factores (negativos o positivos) y considere de qué manera este "entrenamiento" sigue influenciando su vida.

Capítulo 2: Cuando el enojo puede hacer bien

Introducción: El enojo puede llevarnos a hacer cosas bastante tontas. ¿Qué cosas le parecen cómicas en el presente si piensa en los momentos de enojo del pasado? Si el tiempo lo permite, cuente además algunos de los pensamientos registrados en su diario la semana pasada (si completó la pregunta N.º 8 de "Opciones para la aplicación" del capítulo 1).

Preguntas para el debate

1. Este capítulo comienza con la declaración de que el propósito de Dios para el enojo es motivarnos a emprender acciones constructivas. ¿De qué maneras puede el enojo motivarnos hacia cambios positivos?

2. Usando ejemplos del capítulo, describa cómo Jesús respondía al enojo. ¿Qué temas en común lo caracterizan? ¿De qué manera era su enojo santo y justo?

3. ¿Cómo supieron los pobladores de Nínive, en la historia de Jonás, que el enojo de Dios hacia ellos fue motivado por amor?

4. El enojo, a veces, es motivado por el dolor o la pérdida personal, como en el ejemplo de la fundadora de MADD [Madres unidas contra los conductores ebrios (por sus siglas en inglés)]. ¿Qué otros ejemplos puede mencionar, donde el dolor personal haya causado cambios constructivos, ya sea de este capítulo o de las experiencias de su vida?

Pensamientos para la reflexión

5. ¿En qué ocasión respondió usted al enojo apropiadamente?

¿De qué manera el uso positivo de su enojo ayudó a mejorar una situación negativa?

6. El autor sugiere que cuando una persona o grupo decide que algo "no está bien", están haciendo un uso positivo del enojo. ¿En qué aspecto de su vida que "no está bien" desea un cambio personal? ¿De qué manera puede responder con un uso positivo del enojo?

Opciones para la aplicación

7. Mencione algunas maneras en las que el enojo ha transformado la sociedad para bien. Por ejemplo, el enojo por la injusticia de la segregación inspiró a muchos en el movimiento de los derechos civiles. ¿Qué cosas de la vida lo hacen enojar; cosas en las cuales podría crear un cambio positivo?

8. En una concordancia bíblica, en una Biblia de estudio o en www.biblegateway.com, busque cómo se usa el enojo en algunos lugares de las Escrituras. ¿Qué características po sitivas pueden aprenderse de los ejemplos que leyó? Escoja dos o tres para enfocarse durante la próxima semana.

Capítulo 3: Cuando tengo una buena razón para estar enojado

Introducción: Piense en un libro o una película en la que el enojo del protagonista originó que actuara de una manera productiva. ¿Qué hizo el protagonista? ¿Qué cambio positivo resultó de sus acciones?

Preguntas para el debate

1. Comente algunos de sus descubrimientos del estudio de la palabra *enojo* de la Biblia que hizo en el capítulo 2, pregunta N.º 8. ¿Cómo proporcionan las Escrituras ejemplos provechosos para manejar el enojo de manera positiva?

2. El capítulo 3 comienza con varios escenarios en los cuales una persona está enojada con otra. ¿Qué personas en la vida pueden hacernos enojar más fácilmente (tales como un jefe o miembro de la familia)? ¿Por qué estas personas en particular nos hacen enojar más fácilmente que otras?

3. ¿Qué es el enojo válido? ¿Cuál es la diferencia entre enojo válido y no válido?

4. Repase los cinco pasos enumerados en este capítulo para hacer que el enojo sea productivo. ¿Cuál de los pasos es el que puede aplicar más fácil? ¿Cuál es el más difícil?

Pensamientos para la reflexión

5. Cuando está en medio de una situación que lo enfurece, ¿de qué manera es difícil pensar en el enojo positivamente? ¿Qué podría hacer para calmarse cuando esto sucede?

6. El autor nos aconseja contar hasta cien o aun hasta mil para poder calmarnos y obtener la perspectiva de nuestro enojo. ¿Qué otros métodos ha visto o utilizado para calmarse en situaciones de enojo?

7. Debata con el grupo por qué las dos opciones bíblicas de expresar el enojo son la reprensión o pasar por alto la ofensa con paciencia y mansedumbre.

Opciones para la aplicación

8. Tome algunos momentos para escribirle una carta ficticia a alguien con quien se haya enojado hace poco. ¿Cómo podría aplicar los cinco pasos presentados en este capítulo?

9. ¿Cómo podría ayudar a otra persona a controlar una respuesta de enojo mediante estos cinco pasos? Escoja un amigo o miembro de la familia para conversar sobre estos conceptos esta semana. Prepárese a dar a conocer el resultado de esta conversación en la próxima reunión de su grupo.

Capítulo 4: Cuando no tengo derecho a estar enojado

Introducción: Mencione algo que lo hacía enojar cuando era niño. Cuente cómo aprendió a manejar el enojo en su niñez.

Preguntas para el debate

1. ¿Cuándo fue la última vez que sintió que tenía "derecho" a estar enojado? ¿Qué le provocó el enojo?

2. Este capítulo analiza dos tipos de enojo principales: definido y distorsionado. ¿Cómo definiría las diferencias entre estas clases de enojo?

3. ¿Qué ejemplo bíblico de enojo distorsionado de este capítulo sobresale más para usted? ¿Qué aspecto de la historia se relaciona con las circunstancias de su vida?

4. ¿Cuáles son algunas de las maneras clave de identificar el enojo distorsionado en su vida?

Pensamientos para la reflexión

5. Recuerde una vez que experimentó el enojo distorsionado. ¿Qué provocó este tipo de enojo? ¿De qué manera la identificación de estos "desencadenantes" puede ayudarle a identificar y procesar el enojo distorsionado?

6. ¿Cómo puede la identificación del enojo distorsionado complementar el concepto de aprender de sus errores? En otras palabras, ¿de qué manera la identificación de las causantes del enojo en el pasado puede ayudarle a obtener una mejor perspectiva con respecto a situaciones de enojo en el futuro?

Opciones para la aplicación

7. ¿Puede pensar en alguien que usted hirió hace poco debido a su expresión de enojo distorsionado? Contacte a esa persona directamente o por medio de una llamada telefónica, carta o correo electrónico para disculparse por dicha reacción.

Capítulo 5: Cómo manejar el enojo "malo"

Introducción: Describa una ocasión en la que se enojó por una situación que malinterpretó. (Por ejemplo, se enojó con un amigo por llegar tarde, pero descubrió que tuvo problemas mecánicos con su auto en el camino). ¿Cómo cambió su reacción una vez que se enteró de todos los hechos?

Preguntas para el debate

1. ¿Cuáles son los cuatro elementos que se han dado a conocer en este capítulo para manejar constructivamente el enojo? ¿Cuál de estos cuatro elementos encuentra más fácil de practicar? ¿Cuál es el más difícil?

2. ¿De qué manera preguntarse si "conoce todos los hechos" puede beneficiar una situación?

3. En la declaración: "Me siento frustrado y necesito tu ayuda", ¿qué se le está pidiendo a la otra persona? ¿Cómo podría este pedido llevar a la otra persona a reconocer su falta?

4. En la historia de Rita y Rubén de este capítulo, el proceso requirió la concertación de un entendimiento en busca de mejorar su relación. ¿Qué tipo de frustraciones ha descubierto que podría mejorarse al concertar un entendimiento de una manera similar?

Pensamientos para la reflexión

5. ¿En qué ocasión, ante su enojo, experimentó una respuesta sumamente provechosa de otra persona? ¿Qué hizo esta persona para que su respuesta fuera tan positiva? ¿Qué se puede aprender de su ejemplo?

6. ¿Quién es la persona con la que podría trabajar para mejorar su respuesta en situaciones de enojo? Escoja un amigo o miembro de la familia con el que pueda hablar de los principios de este capítulo y de cómo ayudar a otro a mejorar su respuesta al enojo.

Opciones para la aplicación

7. Mencione los cuatro pasos (elementos) usados en este capítulo en una hoja de papel. Teniendo en cuenta una reciente frustración de su propia vida, mencione cómo pueden aplicarse en su situación cada uno de los pasos.

8. Busque la oportunidad de aplicar esta semana los cuatro pasos si se enfrenta a personas o problemas frustrantes. Observe de qué manera estos pasos influyen en el resultado de la situación. Prepárese para dar a conocer a su grupo las diferencias producidas al dar estos pasos.

Capítulo 6: Implosiones y explosiones

Introducción: Piense en una película o espectáculo de televisión que haya visto que muestre los resultados del enojo destructivo. ¿Qué sucedió? ¿Qué cosa diferente se podría haber hecho para cambiar el resultado?

Preguntas para el debate:

1. Este capítulo identifica dos respuestas principales al enojo: la implosión y la explosión. ¿Cuál es su respuesta más común?

2. ¿Cuáles son algunos síntomas típicos del enojo explosivo? De acuerdo a la investigación presentada, ¿cuál es el resultado de desahogar el enojo?

3. Para una persona que haya desarrollado un patrón abusivo o enfermizo en la expresión del enojo, ¿qué es lo que más a menudo motiva a esa persona a buscar ayuda?

4. ¿Cuáles son algunos síntomas comunes del enojo implosivo? ¿Cómo puede el enojo implosivo herir tanto a la persona enojada como a aquellos que la rodean?

Pensamientos para la reflexión

5. ¿De qué manera su expresión del enojo afecta su relación con su familia, amigos, compañeros de clases o de trabajo? ¿Qué aspecto de su vida necesita el mayor énfasis para mejorar su respuesta ante situaciones de tensión?

6. ¿De qué manera suprimir el enojo puede llevar al odio? ¿Cómo ha visto usted esto en las experiencias de la vida de aquellos que conoce?

7. Mediante versículos de este capítulo, ¿qué principios puede descubrir que podrían ser de ayuda para manejar el enojo destructivo (Ef. 4:26-27; Col. 3:8; Ec. 7:9)?

Opciones para la aplicación

8. Enumere al menos tres de sus recientes situaciones de enojo en una hoja de papel. Al lado de cada una, escriba cómo reaccionó, si fue con enojo explosivo o implosivo. En una tercera columna, escriba qué sucedió y qué pudo haber hecho para mejorar su respuesta. Use sus descubrimientos para que le sean de ayuda en los encuentros difíciles que tenga en la semana siguiente.

9. Repase los versículos usados en la sección sobre enojo implosivo. Escoja uno para incluir en una tarjeta para la revisión y memorización diaria durante la semana siguiente. Prepárese para dar a conocer al grupo cómo le ayudó este versículo en su vida diaria.

Capítulo 7: El enojo que dura años

Introducción: El enojo es un asunto grave en el contexto del ámbito laboral. ¿Qué asuntos enojan más a las personas en el trabajo? ¿Por qué las personas a menudo "acumulan" su enojo en el trabajo?

Preguntas para el debate

1. ¿De qué manera podría identificarse con Carlos y Julia en la historia de este capítulo? ¿Se identifica usted más con Carlos o con Julia? ¿Por qué piensa de ese modo?

2. Desde el punto de vista de Julia, ¿cómo había cambiado el comportamiento de Carlos durante los últimos años? ¿Cuáles fueron sus tendencias observables en la expresión del enojo?

3. ¿Qué dos rasgos mostró Carlos que son característicos de acumular enojo? ¿De qué manera ha visto esto en su vida o en la vida de alguien cercano a usted?

4. ¿Cuáles son algunas ventajas de opinar que "el pasado no se puede cambiar, entonces por qué molestarse en recordarlo"? ¿Qué realidades debemos considerar al tratar con el enojo?

5. El enojo a menudo provoca asuntos negativos dentro del matrimonio. ¿Cómo dañó Carlos su relación matrimonial?

Pensamientos para la reflexión

6. ¿En qué ocasión "acumuló enojo? ¿De qué manera el hecho de no enojarse en ese momento causó problemas más tarde?

7. ¿Cómo puede ayudar a los que lo rodean a que sea más fácil tratar con el enojo acumulado? Por ejemplo, como padre, ¿cómo puede ayudar a sus hijos a resolver el enojo en vez de acumularlo?

Opciones para la aplicación

8. Aplique la "tarea" asignada a Carlos para su propia vida. En una hoja de papel, enumere: ¿Quiénes son las personas que me ofendieron? ¿Qué hicieron? Después, examine cómo manejó el enojo. Identifique cualquier aspecto no resuelto y use las ideas de este capítulo como una guía que le ayude a tratar con el enojo acumulado.

9. Una recomendación para Carlos era estar a solas con Dios. Si esto es un reto en su vida, programe alguna oportunidad en los próximos días para pasar un tiempo extenso a solas con Dios. Use una porción de ese tiempo para orar por los individuos que le han provocado el enojo (tal vez, de la lista de la pregunta 8) y pídale a Dios que le dé sabiduría para procesar cualquier enojo acumulado.

Capítulo 8: ¿Y qué decir del perdón?

Introducción: ¿Por qué a menudo es difícil perdonar a alguien que nos ha ofendido? ¿En qué ocasión perdonó a alguien y vio un beneficio en la relación?

Preguntas para el debate

1. ¿Cómo define este capítulo el perdón? ¿En qué se parece el perdón de Dios a la manera en que nosotros debemos perdonar a los demás?

2. En este capítulo, se presentaron dos realidades del perdón. ¿Cuáles son? ¿Cómo ha experimentado usted estas realidades al perdonar a alguien?

3. ¿Cuáles son los dos pasos decisivos que se requieren para el perdón bíblico de acuerdo a este capítulo? ¿En qué se diferencian del perdón no bíblico?

Pensamientos para la reflexión

4. ¿Qué problema está atravesando en este momento en alguna relación, que podría requerir una disculpa de su parte para mejorar la comunicación?

5. Este capítulo explica que a menudo es importante calmarse antes de hablar con alguien sobre el importante asunto del perdón. ¿De qué manera ayuda tomar un "receso" en situaciones donde usted necesita perdonar a otra persona?

Opciones para la aplicación

6. Tal vez haya alguien en su vida con quien le gustaría

disculparse, pero la persona ya no es accesible, ya sea por muerte o por otro factor. Tome otro paso alternativo y escriba unas palabras pidiendo disculpas en un papel o en un diario, a fin de eliminar personalmente esta barrera de su vida.

7. Considere obtener y leer una copia de *Los cinco lenguajes de la disculpa* escrito por Gary Chapman y Jennifer Thomas para información adicional sobre el perdón, especialmente los capítulos 6 y 9.

Capítulo 9: Cuando estoy enojado con mi cónyuge

Introducción: ¿Cuáles son algunos de las causas clave del enojo en la relación matrimonial? ¿Por qué las causas que eligió provocan tanta frustración?

Preguntas para el debate

1. ¿Cuáles son las seis estrategias sugeridas en este capítulo para tratar con el enojo en el matrimonio? ¿Cuál encuentra usted más fácil de practicar? ¿Cuál encuentra más difícil?

2. ¿Por qué es importante pedir una explicación antes de emitir juicios cuando está enojado?

3. ¿Cómo puede una pareja afirmarse su amor uno al otro cuando están enojados? ¿Qué frases o acciones específicas podrían ser de ayuda?

Pensamientos para la reflexión

4. ¿Por qué es de suma importancia desarrollar maneras de tratar con el enojo de manera positiva en la relación matrimonial? ¿Cómo ha fortalecido su relación saber tratar con el enojo en el matrimonio?

5. ¿Qué parejas matrimoniales admira? ¿Cómo manejan esas parejas sus situaciones de enojo? ¿Qué puede aprender de esas parejas que sea de ayuda para su propia relación matrimonial?

Opciones para la aplicación

6. El capítulo 9 concluye con la descripción de una tarjeta

práctica y una explicación de cómo usarla. Comience a usarla según lo necesite. Prepárese a dar a conocer al grupo, la próxima vez que se reúnan, de qué manera le ha ayudado esta tarjeta.

7. Si es casado, escoja una señal que usted y su cónyuge puedan usar cuando se enojen en público. Por ejemplo, una frase como: "Podemos seguir hablando de esto en casa" puede usarse para apaciguar una potencial situación de enojo y poder tratarla más tarde en privado.

8. Considere la lectura de un libro adicional sobre el matrimonio, tal como *El matrimonio que siempre ha deseado* por el Dr. Gary Chapman.

CAPÍTULO 10: CÓMO AYUDAR A MIS HIJOS A MANEJAR EL ENOJO

Introducción: Mencione una vez que se enojó mucho cuando era niño. ¿Qué sucedió? ¿Cómo se asemeja su respuesta de entonces con su respuesta al enojo como adulto?

PREGUNTAS PARA EL DEBATE

1. ¿Por qué es importante establecer un fundamento de amor con los hijos para ayudarles a manejar el enojo?

2. ¿En la historia de Julio y Graciela, de qué manera el ejemplo de ellos influyó en la respuesta al enojo de su hijo?

3. Un niño tiene dos maneras básicas de expresar el enojo: verbalmente o por medio de la conducta. ¿De qué manera lo expresan comúnmente sus hijos? ¿Cómo ayuda reconocer esta tendencia para orientar mejor la respuesta al enojo de su hijo?

4. ¿Por qué dar instrucciones sin mostrar amor ni dar el ejemplo carecen de resultados positivos?

PENSAMIENTOS PARA LA REFLEXIÓN

5. ¿De qué maneras puede usted ayudar a sus hijos a aprender qué dice la Palabra de Dios acerca del enojo? ¿Qué es lo que ya está haciendo bien? ¿Qué aspectos necesitan perfeccionarse?

6. A menudo tratamos a nuestros hijos de la manera que nos han tratado cuando éramos niños. ¿Qué características positivas tenían sus padres que usted desearía continuar? ¿Qué aspectos quisiera cambiar con sus hijos?

Opciones para la aplicación

7. Escoja una manera de ayudar a sus hijos a aprender qué dice la Biblia sobre el enojo, que sea adecuado a la edad de ellos (tales como leer juntos las historias de la Biblia o memorizar un versículo). Prepárese para dar a conocer a su grupo qué experimentó al aplicar estos conceptos.

8. Si aún no lo ha hecho, repase los cinco lenguajes del amor de este capítulo y trate de determinar el lenguaje de amor primario de sus hijos. Busque oportunidades de mostrar amor a sus hijos en este lenguaje de amor y observe el efecto que esto produce en el enojo de sus hijos. (Podría también adquirir una copia de *Los 5 lenguajes del amor en los niños* escrito por Gary Chapman y Ross Campbell para que le ayude en el proceso).

CAPÍTULO 11: CUANDO ESTOY ENOJADO CON DIOS

Introducción: ¿Por qué las personas se enojan con Dios? ¿Cuáles son algunas de las maneras en que las personas reaccionan cuando están enojadas con Dios?

PREGUNTAS PARA EL DEBATE

1. ¿Cómo se siente Dios con respecto a nuestro enojo de acuerdo a los pasajes bíblicos presentados en este capítulo?

2. Las personas heridas a menudo preguntan: "¿Por qué Dios no hizo nada?". ¿Qué ha presentado este capítulo en respuesta a esta pregunta?

3. ¿Cuáles son los tres pasos presentados en el capítulo para poder manejar el enojo con Dios? ¿Qué paso es el más complicado para usted? ¿Por qué piensa así?

PENSAMIENTOS PARA LA REFLEXIÓN

4. ¿En qué ocasión usted se enojó con Dios? ¿Qué sucedió? ¿De qué manera ese enojo influyó en su caminar con Dios?

5. La última etapa del proceso para manejar el enojo con Dios es presentarse para el servicio. ¿Por qué esto es una parte vital del proceso? ¿Cómo ha experimentado esto en su vida?

OPCIONES PARA LA APLICACIÓN

6. En una concordancia bíblica o en www.biblegateway.com, busque las palabras *enojo* e *ira*. (También podría usar simplemente las historias de la Biblia que se presentaron en este

capítulo). Busque algunos episodios en los que una persona estaba enojada con Dios y observe cómo actuó. ¿Qué principios puede obtener para su vida de estas historias?

7. En un papel, enumere las ocasiones en que estuvo enojado con Dios. Después de cada una, escriba qué sucedió como resultado. ¿Qué patrones puede ver? ¿Cuál es la lección más importante del pasado que ha aprendido del enojo con Dios, que puede aplicar en el presente?

Capítulo 12: Cuando estoy enojado conmigo mismo

Introducción: ¿Por qué las personas se enojan consigo mismas? ¿De qué maneras tienden a responder cuando están frustradas por sus propias acciones?

Preguntas para el debate

1. Repase la sección "Yo sé que puedo hacerlo mucho mejor", que detalla los causantes del enojo personal. ¿Cuáles son los que más se aplican a su vida? ¿Por qué piensa así?

2. ¿Cómo se siente cuando no alcanza a cumplir sus propias expectativas? ¿De qué manera nuestra respuesta en este ámbito puede ser provechosa? ¿Dañina?

3. ¿Cuáles son las cinco respuestas al enojo personal? ¿Por qué es importante confrontar el enojo personal en vez de evitarlo?

4. Una de las respuestas al enojo personal es analizarlo. ¿De qué manera podríamos analizar nuestro enojo personal?

Pensamientos para la reflexión

5. ¿Cuál fue la última vez que se enojó con usted mismo? ¿Qué lo provocó? ¿De qué manera fueron sus respuestas útiles o inútiles?

6. Cuando está enojado con usted mismo, ¿tiende a enojarse de manera explosiva o implosiva? ¿Por qué cree que es así?

Opciones para la aplicación

7. Haga una lista de algunos de los asuntos que más lo hacen enojar con usted mismo. ¿Qué factores comunes observa? ¿Cómo puede responder mejor cada vez que se enoja con usted mismo?

8. Si hay algunos aspectos de su vida en los cuales no se ha perdonado a usted mismo, tómese un tiempo a solas con Dios para confesar sus errores personales y seguir en pos de acciones positivas.

9. Escriba Juan 13:35 de su versión favorita de la Biblia y dedique tiempo de la semana próxima a memorizar este versículo.

Capítulo 13: Cómo confrontar a la persona enojada

Introducción: Piense en una película que haya visto o un libro que haya leído recientemente en el que las acciones de una persona enojada influyeron en las personas que estaban a su alrededor. ¿Cómo se sentían las personas afectadas?

Preguntas para el debate

1. Al principio del capítulo, el Dr. Chapman cuenta la historia de un hombre enojado que lo increpó por habérsele dañado el silenciador de su auto. ¿De qué manera "hablar más despacio" ayudó a resolver la situación?

2. Repase los siete pasos para tratar con una persona enojada. ¿Cómo se aplicaron estos pasos en la historia del Dr. Chapman con el hombre al que se le había dañado el silenciador de su auto? ¿Qué pasos se enfatizaron más en esa situación?

3. ¿Por qué es tan importante remarcar el aspecto de escuchar al encontrarse con alguien que está enojado? ¿De qué manera se calma el enojo de otra persona cuando se la escucha?

Pensamientos para la reflexión

4. Piense en una ocasión en la que alguien respondió a su enojo al escucharlo y asistirlo con la situación. ¿De qué manera la respuesta de esa persona cambió su actitud?

5. Considere una ocasión en la que usted reflejó la conducta de una persona enojada. ¿De qué manera su actitud empeoró

la situación? Al mirar atrás, ¿de qué otra manera podría haber respondido?

Opciones para la aplicación

6. Recuerde una persona enojada que haya encontrado recientemente. En una hoja, enumere los siete pasos mencionados en este capítulo junto a respuestas que podría haber usado en la situación. Utilice esta sesión de repaso para preparar su respuesta para la próxima vez que se encuentre con alguien enojado.

7. Comente la información de este capítulo con otra persona, fuera de su grupo, como una oportunidad para intercambiar ideas de cómo manejar mejor a una persona enojada.

El reconocido escritor y consejero matrimonial, Gary Chapman, cree que el divorcio es el resultado de la falta de preparación para el matrimonio y de la incapacidad para aprender a trabajar juntos como compañeros de equipo íntimos. Este libro práctico está lleno de sabiduría y de consejos para poder disfrutar de un matrimonio afectuoso, en el que ambos se apoyan y resultan beneficiados. Es el tipo de información que al mismo Gary le hubiera gustado tener antes de casarse.

Hacemos y decimos cosas que luego lamentamos y lastimamos a las personas que más amamos.

Incluso en la mejor de las relaciones, todos cometemos errores. En este libro Gary Chapman y Jennifer Thomas, revelan nuevas formas de acercarse de manera efectiva y reparar las relaciones fracturadas. Aún mejor, descubrirá cómo las disculpas significativas le brindan el poder de hacer que sus amistades, familia y matrimonio sean más fuertes que nunca.

Biblia devocional los lenguajes del amor RVR60

Lectores de Gary Chapman dicen que sus enseñanzas son relevantes, útiles, simples, eficaces... y él aporta su estilo a esta Biblia. Esta Biblia incluye la versión Reina-Valera 1960, 260 devocionales diarios, 52 estudios bíblicos para cada fin de semana, guías de oración, introducciones a los libros de la Biblia y mucho más.

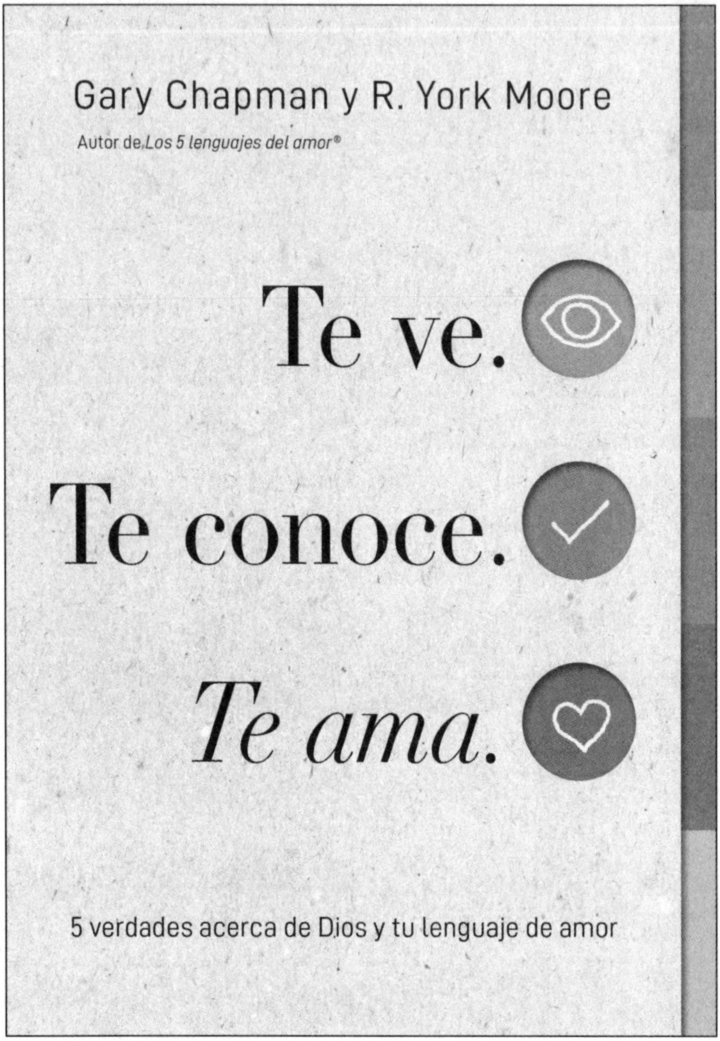

En un mundo de creencias variadas y oportunidades infinitas, determinar cómo pasar nuestras vidas puede parecer imposible. E incluso más difícil que encontrar una dirección puede ser encontrar un significado. Quizás sepamos lo que más nos interesa, pero ¿cómo sabemos si tiene un propósito?

Estos anhelos están arraigados en nuestro deseo de sentir la presencia de Dios en nuestras vidas, que comienza cuando sabemos cómo se comunica con nosotros. *Te ve. Te conoce. Te ama.* examina cómo Dios, el Creador del universo, se comunica íntimamente con cada uno de Su pueblo. El experto en relaciones Gary Chapman y el coautor R. York Moore ofrecen ideas prácticas sobre cómo conocer tu propio lenguaje del amor y cómo Dios lo usa para comunicarse contigo.

EDITORIAL
PORTAVOZ

NUESTRA VISIÓN

Maximizar el efecto de recursos cristianos de calidad que transforman vidas.

NUESTRA MISIÓN

Desarrollar y distribuir productos de calidad —con integridad y excelencia—, desde una perspectiva bíblica y confiable, que animen a las personas a conocer y servir a Jesucristo.

NUESTROS VALORES

Nuestros valores se encuentran fundamentados en la Biblia, fuente de toda verdad para hoy y para siempre. Nosotros ponemos en práctica estas verdades bíblicas como fundamento para las decisiones, normas y productos de nuestra compañía.

Valoramos la excelencia y la calidad
Valoramos la integridad y la confianza
Valoramos el mérito y la dignidad de los individuos y las relaciones
Valoramos el servicio
Valoramos la administración de los recursos